T0246620

# LOS ABRAZOS LENTOS

# ELÍSABET BENAVENT

# LOS ABRAZOS LENTOS

Ilustraciones de
LAURA AGUSTÍ

Primera edición: enero de 2023



Impreso en Colombia / *Printed in Colombia*

ISBN: 978-1-64473-789-7

23 24 25 26 10 9 8 7 6 5 4 3 2 1

*A mi amigo Miguel Gane*

*Te quiero, te respeto y te lo mereces*

# Prólogo

Tengo un idilio con las palabras. Es una historia de amor larga, fiable, bonita y sana. Las palabras son, probablemente, lo más preciado que poseo, después del amor de mi gente. Nací con muchas carencias: no tengo paciencia, no sé andar despacio, tiendo al exceso, me gusta la soledad, doy portazos…

Sin embargo, las palabras siempre me han salvado de morir ahogada en la piscina de lo que me falta. Porque escribiendo mastico lo que me pasa, porque escribiendo imagino realidades lejanas, porque escribiendo me analizo y me entiendo. Me mido, me abrazo, me calmo. Las palabras son, para mí, un salvavidas, un modo de vivir, un puñado de abrazos lentos.

Las palabras, además, siempre han sido para mí un billete que invita a viajar a cualquier realidad imaginable. Lo más bonito de esta profesión es el ejercicio de empatía que supone, el disfraz, la posibilidad de ser quien quieras ser cuando quieras serlo. Las palabras no tienen dueño y, por eso, pueden ser utilizadas en vano, siempre y cuando no se lancen contra el pecho de nadie.

Las redes sociales han supuesto, en estos años duros, una ventana hacia el mundo. Negar que han marcado un antes y un después en nuestra forma de comunicarnos es dar la espalda a una realidad que avanza a pasos agigantados. No podemos negarles su espacio si no queremos que, como en *La historia interminable,* la Nada nos devore. La Nada, en este caso, sería el equivalente a quedarnos obsoletos, de cara a la pared, negando que fuera de nuestra casa existe un mundo enorme.

Además de ese hipervínculo, las redes sociales son, para los soñadores, un espacio donde esbozar, un cuaderno donde anotar ideas peregrinas, dibujar historias breves y jugar.

Cuaderno de bitácora vital, conexión interpersonal, ejercicio de imaginación; un texto de Instagram puede contener verdad, manos tendidas y ficción. Aunque, seamos sinceros, será también, independientemente de la intención o motivación de su creador, lo que el lector quiera que sea. Pero ese es otro tema.

Desde 2017 vengo compartiendo textos, prosa poética, pedazos de historias que servirán en el futuro como puntos de partida, esbozos que no llevarán a ningún sitio, reflexiones y vida. No vida privada, solo vida. En la era de la inmediatez, en el momento histórico en el que más conectados estamos pero más solos nos sentimos, es la palabra una vez más, lanzada al vacío de la red, lo que nos une de una manera que es difícil de explicar. Quizá pase lo mismo que con las canciones…, que a veces alguien escribe por nosotros lo que nos es complicado expresar.

A mí también me pasa. Sigo algunas cuentas en Instagram en las que encuentro respuestas para preguntas que aún no me he hecho. Y es en el alivio que siento al leer lo que otros comparten donde encuentro la pasión para seguir escribiendo. Lejos de lo dañino que, no seamos *comeflores,* existe también en estos lares.

Las palabras nos reconfortan. Las palabras nos unen. Las palabras son abrazos. Y aquí van los míos: un recopilatorio de lo sentido, imaginado, vivido y trabajado en los últimos años.

La posibilidad de que alguien sienta que tener este libro en la estantería es guardar muy cerca un punto de encuentro me ha animado a publicarlo. Pensar que todos estos textos puedan suponer un refugio donde buscar algo que reconforte también.

Esta idea me la distéis vosotras, como casi todo lo bueno que tengo, así que… aquí están, con humildad, con honestidad, con toda mi imaginación, con toda mi sinceridad, un buen puñado de abrazos, pero de los buenos.

Los abrazos lentos.

Elísabet Benavent

01

## La noche es para los valientes

La noche es para los valientes. Y para nosotros. Para los que se hablan en susurros al oído y se ríen por cosquillas y vergüenza.

La noche es para las brujas, los hechizos y las maldiciones. La noche es para los sueños, joder…, y también para joder un rato si es lo que quieres.

La noche es para las palabras lo que la magia para tus mejillas. Así que aquí estoy, buscando palabras en un ejercicio de prestidigitación y dejando que me hables al oído para que me dictes el final de esta historia a la que cada vez le quedan más páginas por escribir.

La noche es, sin duda, para las musas.

02

# Odio

Odio tener que calcular… con números y con personas.

Por eso soy de letras y huyo de los que imagino que, más que sentir, cuentan con los dedos conquistas, besos, favores o mensajes de texto.

Odio que los planes me salgan mal y odio recular. Llevo mal la frustración, qué le vamos a hacer.

Odio los consejos que nadie pidió.

Odio el cursor del ordenador parpadeando y las palabras por salir.

Odio que no me alcancen las fuerzas y, a veces, hasta dormir.

Odio el postureo, aunque acepto que se contagia.

Odio cuando la gente no está cómoda porque finge ser alguien que no es. Odio que esa gente me haga sentir incómoda a mí. Odio que me lo haga alguien a quien aprecio de verdad.

Odio que me dejen plantada, con la palabra en la boca o que me mientan cuando pregunto. Si pregunto, es para saber, no para que me soben el lomo.

Odio que me miren mientras como, que me cuenten las horas de sueño, las toallas húmedas al salir de la ducha, mi risa, la gente que no sabe decir «Ey, me encanta estar contigo», los abrazos falsos, las miradas de arriba abajo cuando no dicen «Te comía entera», las palabras vacías…

03

## Pero…

A veces no tengo la menor idea de lo que estoy haciendo.

Es la pura verdad.

Pero…

¿Y qué?

¿Está de más?

¿Saberlo todo no le quitaría la emoción?

A veces no sé qué narices hago, pero esas ocasiones suelen ser hijas del «ya lo pensaré mañana», «me encanta» o «solo un poco más». Vamos, los impulsos, que toman las riendas, amordazan a la razón y nos llevan de viaje. Hagamos locuras maravillosas. Olvidémoslas mañana.

Controlémonos menos en todo aquello que nos hará felices. Que la vida son dos días… y medio lo pasamos durmiendo.

04

## Breve carta a un desconocido

Querido tú:

Sé que no soy nadie para dar consejos, pero permíteme un par…, quizá alguno más. Voy a susurrarte algunas de mis verdades, aunque es posible que no sean las tuyas.

Aprende a querer bien, sobre todo a ti mismo. Si te acuerdas de ella, escríbele. No juegues; nos aburre y desespera. Sé un caballero, pero selo siempre. Que cuando se desnude delante de ti se sienta poderosa, no avergonzada. No juzgues su experiencia, inexperiencia, sus errores, el largo de su falda o su manera de decir «coño» y «joder» constantemente. No quieras cambiarla. Si te hace sentir débil, díselo. Si te hace sentir fuerte, también. Si la admiras, no te lo calles, porque la grandeza que ves en ella no te hará más pequeño.

No mientas, tampoco para hacerla sentir mejor; es un placebo que ni siquiera dura lo suficiente como para que no duela. No te escondas, sé tú mismo. Si te acuestas con su recuerdo, busca la manera de que lo sepa. No des las cosas por sabidas o entendidas. Acaricia. Besa. Busca ese rincón de su cuello donde huele más a ella y donde le encanta que la besen.

Mírala a los ojos. No hace falta que le abras la puerta o le retires la silla, pero respétala siempre, dale espacio, que sea libre y no la creas tuya nunca. Es suya, pero quiere estar contigo, ¿no es mejor?

Mándale esa canción que te recuerda a ella y pregúntale cuál escucha cuando piensa en ti. Tócala ahí, justo ahí. Y, si se te pone dura con que solo muerda tus dedos o tu hombro, muéstraselo. Susúrrale al oído que te vuelve loco cuando no sepas qué hacer o qué decir. Cógela de la mano y echa a correr por las calles de Malasaña. Que no os falte el vino ni las risas. Dile que brilla si lo hace. Dale lo que te pide si puedes dárselo y atrévete a pedirle lo que necesitas.

Sé tú, joder, pero auténtico, sin crecerte ni ponerte tonto porque te mire o te hable. Sé tú y que ella sea ella. Lo demás importa poco.

Fdo.

Yo

05

## Sentir el golpe

Uno de mis mayores problemas es darle vueltas a la cabeza. Pienso demasiado en un caos extraño. Dice mi mejor amiga que es cosa de nuestro signo del zodiaco, que somos así. Todos tenemos un punto melancólico y, por lo visto, a los cáncer nos gusta regodearnos en él de vez en cuando.

A veces escribo cosas para que no las lea nadie. A veces me retuerzo las entrañas con palabras hasta que me duele. A veces lo hago incluso con canciones, a sabiendas de que me dejarán hecha polvo. No es solo cosa mía, sé que muchos lo hacemos. Una vez alguien me dijo que en ocasiones nos tiramos de cabeza aun sabiendo que no hay agua solo por el placer de sentir el golpe. Quizá sea verdad.

06

## La vida

Madurar es complicado…, creo que por eso lo hago tan despacio. La vida no es, definitivamente, una fiesta, pero tiene sus partes divertidas. Muchas, joder. Tiene palabras increíbles, locuras transitorias, piel, carcajadas plenas, conciertos, zapatos, gatos, cosas que brillan y poemas (algunos más viejos que los abuelos de nuestros abuelos). Existen fotos antiguas, las tortillas de patata poco cuajadas, unos vinos estupendos que a veces traen experiencias muy completas.

La vida está salpicada de viajes, puestas de sol, amaneceres que te pillan volviendo a casa, caricias y explosiones, paseos en coche con la ventanilla bajada en plena primavera, besos, abrazos, amor del de toda la vida, tartas de manzana, pintalabios, carreras a toda prisa sin prisa ninguna por las calles empedradas, chistes malos que de malos se dan la vuelta y son buenísimos, aromas atrayentes, libros increíbles, películas inolvidables, canciones que atenazan las entrañas, sonrisas sinceras, amigos de siempre, sueños, tazas, ropa interior poderosa, tíos que dan risa, personas maravillosas y la posibilidad de empezar cada día una nueva versión.

Así que… que el final nos pille muy viejitos y con la mochila de las emociones a tope. Bienvenidos sean los que las llenen de verdad y los que al mirarte, sencillamente, te vean.

07

## Imperfectas

Con una cerveza sobre la mesa y un vacío en el pecho.

Con los labios pintados y una sonrisa sincera.

Riéndonos a pleno pulmón. Llorando. Con tacones. En zapatillas. Con nuestros vaqueros preferidos o con el pijama más viejo.

Perfectas. Sin serlo. Perfectas siendo imperfectas, con el carmín corrido o una carrera en la media. Quemando la noche o metiéndonos en la cama a las nueve. Deseando. Con pereza. Con las manos largas o una mirada tímida.

Todo, siempre, coquetas; porque en lo que somos, en la contradicción, el artificio, lo sincero y lo escondido, está la clave. El personaje redondo. La chica perfecta porque no lo es. Y no se castiga por ello.

08

## Amor propio

Cuida de tu amor propio; es el que te permite amar y amar bien. No lo confundas con el ego, porque no estamos hablando de lo mismo.

El amor propio es ese cosquilleo en la nuca cuando sabes que estás donde no deberías; la sonrisa en el espejo, estés guapa o no, por el simple hecho de que te la mereces.

El amor propio es saber gestionar que alguien te quiera bien, que te abrace y te dé cariño; es saber que eres merecedora de aquello bueno que te llega.

El amor propio es el que para los latigazos que te das y proporciona la pomada adecuada para las heridas. También el que te dice «Venga, va, que ni esto es un drama ni eres la única persona sobre la faz de la tierra» y que además reconforta: «Ya, pero quiero acurrucarme un ratito más».

Saberse débil pero que no importe; aprender de las caídas, los tropezones y las zambullidas kamikazes; repartir lo bueno, asumir lo malo, darse tregua, exigirse un mínimo; dormir un día hasta las dos de la tarde; comer solo en una cafetería especial porque sí; decidir dónde ponemos la barrera y, sobre todo, llegar al «hasta aquí» y no sobrepasarlo.

No permitas que nadie, buscando llenar un vacío, te vacíe a ti.

No permitas convertirte en tirita ni quieras salvar a nadie.

No regales tiempo, energía ni cariño a quien responde a zarpazos, por muy herido que sepas que esté.

Tú eres el amor de tu vida y mereces lo mejor.

09

## Añoranza

Echar de menos. Cosas. Personas. Lugares. Emociones.

Añorar las mariposas en el estómago de una noche de mucho frío o el sabor de un beso.

Sentir nostalgia al recordar nuestra casa. Esa parte del sofá que te gusta, la novela que tienes pendiente desde hace un mes, tu taza preferida y un café; morriña.

Morriña también de tus brazos, de la risa genuina que se me escapa de los labios, aunque no quiera demostrarte qué me hace gracia. Echar de menos el olor de tu cuello, tu rastro en mi piel y el sabor de tu saliva, aunque solo sea en un beso breve, de los de despedida.

Añorar dormir muchas horas sin importar que no suene el despertador y la ilusión de tener planes para cualquier cosa. La tranquilidad de nuestro caos. Las excusas para tocarnos, vernos, ser.

Echar de menos como en los libros. Como yo añoro ahora nuestra casa, mi Madrid adoptivo, y una tarde libre para volver a encontrar una librería entre las callejuelas cercanas a Ópera.

10

## Un puñado de estaciones

Se empiezan a notar los años, sobre todo acumulados alrededor de los ojos que han visto, llorado, pestañeado y soñado tantas cosas.

Se notan las ojeras de las noches mal dormidas,
las carcajadas más profundas.

Se nota la vida.

Hoy hablaba sobre la eficacia o no de las cremas en la piel y, aunque siempre seré una defensora de cuidarla con mimo, creo que la risa es el cosmético desconocido.

Que nos lluevan encima muchas primaveras como esta.
Que nos caigan inviernos como el pasado. Que nos maduren veranos como el que nos espera. Del otoño ya hablaremos cuando hayamos superado todo esto.

11

## Cosquillas

Punto y coma, porque a veces hace falta parar un segundo a respirar antes de seguir, pero la vida continúa. Aunque te hayas equivocado, aunque seas muy humano, aunque tengas miedo o te sientas solo. Paras, tomas aire y decides. Ser sincero o callar. Ser de verdad o seguir representando un papel.

Las opiniones son como los culos (todos tenemos uno y pensamos que el de los demás apesta), pero diré que mejor ser de verdad, aunque te mires al espejo y veas esos defectos que serían capaces de ponerte de rodillas, aunque le enseñes al mundo dónde tienes las cosquillas. Mejor ser de verdad, porque lo otro…, lo otro no es vida.

12

## No voy a pedir perdón

No soy perfecta. Tampoco aspiro a serlo. Tengo mil defectos; algunos me dan igual, otros los odio. A los dieciocho años soñaba con un cuerpo como el de mis amigas, pero, ahora, ¿qué más da?

Mi cuerpo me ha dado más alegrías que penas.

Y, como dije una vez en mi blog, no voy a pedir perdón…

Ni por mis tobillos, que no son todo lo delgados que pensé cuando era pequeña que debían ser por culpa de la maldita Barbie, ni por mis piernas, torneadas y carnosas, ni por mis muslos, aunque en verano a veces me moleste el cariño que se tienen entre ellos.

No voy a pedir perdón por mis caderas, por mis nalgas, por mi cintura o por mi pecho. Por supuesto, no voy a disculparme por mis brazos, mi espalda ni mi papada.

Este cuerpo, este que a algunos les supone un problema al mirarlo, es capaz de cosas maravillosas. Gracias a él doy buenos abrazos. Mis labios han besado mucho en la vida: algunos besos de pasión, bien dados, con ímpetu y lengua, y otros de ternura, acompañados de un abrazo.

Estoy agradecida a mi cuerpo, que aguanta conmigo jornadas largas de trabajo, madrugones, pocas horas de sueño, muchos cafés, meses de dormir más en camas de hotel que en la mía, y aún tiene ganas de reírse, a veces por la chorrada más grande del mundo. Junto a él cumplí muchos sueños.

Gracias también a él sé lo que es el placer. Me ha enseñado muchas cosas intensas, me ha llevado al límite y ha superado las expectativas. Es mi hogar, es mi piel, que disfruto y enseño solo a quien yo quiero.

Este cuerpo que me ha permitido nadar en muchos mares, recorrer sitios increíbles, que me ha descubierto la emoción a través de su piel de gallina y el corazón acelerado…, este montón de huesos, músculos, grasa, piel y terminaciones nerviosas que sienten el sol, la velocidad, el cariño, el cansancio, el placer, el dolor, la tensión, el orgasmo y las caricias no se merece que pida perdón, solo que le dé las gracias.

Así que ya ves. Si los años sirven de algo, es para avergonzarse de dejar que cualquier niñato superficial te haga sentir mal. Aquí estamos nosotras. Y punto.

13

## Estaciones de tren

¿Qué tendrán las estaciones que siempre recuerdan a palabras por decir? Despedidas. Huidas. Cansancio. Ganas de llegar a casa y de escapar.

El sonido de las maletas modernas sobre los baldosines no cuadra con la imagen en blanco y negro de los abrazos y el fantasma de los besos que alguien dio, atreviéndose a decir «Te echaré de menos».

Solo queda condensar lo aprendido este invierno y lo vivido en una primavera, que a ratos fue especial y a ratos dolorosa (pero siempre intensa), en un puñado apretado de palabras que, quizá mañana, formen parte de una historia que llegue a vuestras manos.

14

## ¿Hay trato?

Querida Elísabet:

Ya va quedando menos para tu cumpleaños y llevo días dándole vueltas a algo.

¿Te acuerdas de esa foto de cuando tenías veinte años que rompiste? Salías en biquini y odiabas (ODIABAS) mirarte con tan poca ropa. Si tuvieras la oportunidad de ver esa foto hoy en día, seguramente te parecería que estabas genial y mirarías a aquella Elísabet con envidia y una pizca de decepción; ay, querida, con cuántas tonterías te torturaste, qué precioso tiempo perdiste avergonzándote de tus muslos, tu espalda, tu culo, tus brazos… Así que ahora que vas a cumplir algunos más, tengo un propósito para ti: disfruta, ríete hasta que te la sude la papada que te sale en las fotos, mírate al espejo y di «Ale, a petar el molómetro» y pisa con fuerza en la calle, aunque te rocen los muslos. ¿Sabes por qué deberías hacerlo? Para no ver una foto tuya de ahora dentro de veinte años y pensar de nuevo… «Ay, querida, con cuántas tonterías te torturaste, qué precioso tiempo perdiste». ¿Hay trato?

15

# Me gusta(s)

Me gustas con la barba tupida,
con la sonrisa torcida de saberte malo,
mirándome descarado las tetas,
porque te da igual que te pille con los ojos
donde después pondrás las manos.

Me gustas callado sobre la cama,
con la mano sobre tu cuerpo,
provocándome sin saberlo
solo con arrastrar las yemas de tus dedos
sobre el vello de tu pecho.
Me gustas leyendo, concentrado,
aunque sea algo simple:
la carta de un restaurante,
un mensaje,
mi expresión,
mis ojos,
un beso.

Me gusta que me des sed.
Me gusta que me dejes sin saliva que tragar,
porque sigues poniéndome nerviosa
y eso me gusta.
Me gustan tus abrazos,
quizá más que tus besos.
Me gusta hundir la nariz en tu cuello
y fingir que no te huelo,
que no me importa,
que no me deshago entera
si el matiz de tu perfume me acompaña un par de horas.
Me gustas sonriendo como un niño,
hablando como un hombre,
desmoronándote, humano,
y flaqueando para mí,
ofreciéndote débil.
Me gustas corriendo por la calle,
con los dedos alrededor de mi muñeca,
diciéndome entre risas que llegamos tarde,
no sé si a una cita o a la vida,
ya me dirás si lo averiguas.

Me gusta el recuerdo de pasar frío contigo
y de sudar a tu abrigo.

Me gustan tus besos en la punta de mi nariz.
Me gusta que no te asuste mi miedo.

Me gustas hasta cuando me haces daño,
cuando pías,
cuando te quejas,
cuando tienes sueño (puede que siempre),
cuando disfrutamos la misma canción,
cuando haces burla de mi vergüenza,
cuando me agarras de la cintura,
cuando resoplas… en cualquier contexto.
Me gustas cuando te sabes guapo.

Me gustas andando,
sentado,
jodiendo y jodido.
Me gustas diciendo «No te quiero»,
medio en broma medio en serio.
Recordando en silencio,
arrepentido,
provocando,
aterrado pero aguerrido.
Me gustas, niño, pero me callo.
Si ya lo sabes…, decirlo no tiene, al fin y al cabo, sentido.

16

## Contigo

Injustas.
Pecaminosas.
Egoístas.
Húmedas.
A carcajadas.
Superficiales.
Borrachas.
A las tantas.
Al despertar.
Con café,
o con un vino,
(o seis).
Acompañando un pitillo.
Prohibidas.
Mal hechas.
Con esfuerzo.
Con placer.
Con un nudo en la garganta.
Llenas de palabras.
Empapadas en saliva.

Al sol.
Sabias.
Dañinas.
Rabiosas.
Inocentes.
Patosas.
Inconscientes.
Bien pensadas.
Mal ejecutadas.
Entre las páginas de un libro.
En la pantalla.
Llegando a los oídos en forma de canción.
Perdidas.
Halladas.
Con miedo.
Tan tarde que amenazan con no servir.
Atajando lo que podría salir mal
(peor, quiero decir).
Bondadosas.
Estrafalarias.
Dignas de un loco,
o muy cuerdas
(según el momento).
A la luz del día,
o de cualquier farola;

en un callejón escondido.

Confusas.

Cariñosas.

De verdad.

Una farsa.

Pero todas contigo.

17

## Si te huelo…

La verdad debe ser eso.
Eso que está hecho un nudo en mi estómago,
agazapado y enroscado,
caliente y ácido.
Una cuerda de palabras mal tragadas,
la mezcla de miradas y mentiras piadosas,
la papilla masticable de lo que uno no debe, no puede,
de lo que no existe
pero vive.

La verdad son preguntas para las que no tendré respuesta.
Las letras de unas canciones,
cantadas entre dientes,
tras las que escondo un «te echo de menos»
o un «así es como te siento,
punzante en el centro de mi pecho».
La verdad es un miedo visceral a que te alejes
y el pánico a que te acerques lo suficiente.
Es la espera eterna entre el «esto no es nada»
y el «yo sin esto no puedo».
La verdad tira en una náusea

mientras tararea en mi oído
una letanía de «no me olvides» y «no te vayas»
que nunca, seamos sinceros,
terminó de tener sentido.

La verdad es la nada a la que se reduce todo.
Porque mientras ponemos orden a lo que fuimos,
intentamos bautizar lo que somos
y decidimos qué querremos ser,
no somos nada más que nada
y un puñado de espera que ya no me cabe en las manos.
La verdad es la mirada que echo a tu boca,
esperando que seas tú quien empiece a hablar,
deseando que digas un par de palabras,
y que el pánico que me atenaza los dedos
me deje deslizar, de nuevo,
las yemas sobre tu barba.

Y mientras enrosco la tapa del tarro donde guardo los recuerdos,
dejo escapar el aire de mi nariz en el centro de tu pecho,
aspirando tu olor hasta que no quepa nada más dentro,
sin saber qué o por qué lo estoy haciendo.
La verdad, pequeño,
es el aire contenido en mis pulmones desde entonces
y cómo sigo cerrando los ojos si te huelo.

18

## Desnuda de pretextos

Mirarse en el espejo desnudo de pretextos, enarbolando la verdad, aunque duela.

No hace falta público. A veces con saberlo uno mismo vale; porque cuando aceptas y asumes lo que hay, los pasos suelen dirigirse hacia donde deben.

Supongo que, al final, no hay caminos correctos; solo intentos de llenar, de una u otra manera, la vida.

Mirarse en el espejo y decir «Esta soy yo, esta es mi piel».

19

## El día que murió mi abuela

Nos empeñamos en ver algo romántico en el acto de decir «adiós», aunque sea terrible y duro. Quizá es porque sabemos que todos nos vamos de algún modo de las vidas de otros y el fin último es ese, irse.

¿Cuándo empezamos a despedirnos? De la adolescencia, de la ingenuidad, de esa persona a la que quieres con las vísceras a pesar del daño, del verano, de las emociones masticadas... ¿Hay un momento para decir conscientemente «adiós»? Porque a mí me parece que cuando decidimos que «se acabó», en realidad, eso, sea lo que sea, ya llevaba mucho tiempo lejos.

Ojalá las despedidas fueran siempre fáciles, dulces, sencillas, pero no suelen serlo. Nos persigue la nostalgia y el no saber si nos estaremos equivocando y precipitando. Otras veces decir «adiós» es doloroso porque no habrá posibilidad de volver a abrazar, a sonreír, a oler..., solo el recuerdo. Y el recuerdo siempre es mentira, porque ya no somos las personas que lo vivimos.

Hoy llevo mucho pensado, vivido, compartido. Hoy no ha sido un día fácil. Pero, también hoy, he reído y me he hundido en los brazos de mis padres para entender que, si hay cosas enteras, es absurdo preocuparse por medias.

La vida, a veces, enseña a bofetadas.

Un mal jueves. Un adiós. Una nueva lección vital.

## Julio

Dormir en braguitas. Los domingos con brisa. Las vacaciones. Barbacoas y un cubo lleno de hielo y cervezas heladas. Los polos de limón. Las siestas…, también en braguitas. Los morros pintados de fucsia. Las fotos del mar, la playa, tú riéndote, yo mirándote, una copa empañada… pero con colores saturados. Los biquinis con volantes. Ropa estampada con helados, frutas, flamencos, palmeras y cactus. Cómo se erizan los pezones al entrar en la piscina despacio. Las terrazas iluminadas con bombillas. Mi cumpleaños. Los chicos con una camisa blanca, vaqueros desgastados y unas gafas de sol. El pelo recogido de cualquier manera. La frente empapada de sudor por un buen motivo. Un paseo en bicicleta. Cantar una canción que me recuerde a ti, tumbada y con los ojos cerrados, sonriendo. Un agua con gas y una rodaja de limón. Verte. (Eso siempre). Y la sandía. Sobre todo la sandía.

No soy muy de verano, pero… tiene (tenemos) su (nuestro) encanto.

21

## Breve historia en un beso

Su primer beso fue bajo un árbol, en una de esas noches de verano suaves, con brisa. Se escuchaba la caricia de las hojas por encima de sus cabezas y una risa avergonzada que precedió al acercamiento.

Ella, apoyada en la carrocería de un coche, le agarraba la camisa blanca entre sus dedos; él con una mano en su cadera, sobre el vestido negro, y con la otra acariciaba con el pulgar la piel del cuello que quedaba a su alcance.

Fue un beso pulcro, bonito, respetable, prometedor…, que se desdibujó al abrir los ojos.

Porque no era verano. No se oía calma, sino trasiego; el tráfico, la ciudad, las calles y la soledad. El frío cortaba. Llovía en un Madrid que de húmedo se pudría. No era su primer beso, sino el último. Pero ella tenía su camisa entre los dedos y él acariciaba con el pulgar su garganta.

Fue un beso sucio, escondido, prohibido y desesperado, pero ninguno de los dos esperó jamás mariposas, arcoíris y cuentos.

Ella solo quería no salir más herida y él… quién sabe lo que en realidad quiso.

22

## Nosotros

Hay canciones que son olores,
olores que se instalan en el paladar,
donde la lengua puede devolverlos a la vida,
junto a ese puñado de recuerdos manoseados,
que escondes bajo la almohada
de tanto soñar.

Hay personas que son canciones,
una amalgama de sentimientos
revueltos y sin especificar.
Un pellizco en las tripas
y ganas de gritar,
a veces por el placer de escuchar la voz,
a veces para escupir la rabia.

Hay rabias que son heridas autoinfligidas;
por no saber.
Por no decir.
Por dejar pasar.
Por no decir «tú»,
sea cual sea la pregunta.

Hay escondites a la vista de todos.
Miradas que son un mundo.
Silencios ensordecedores.
Ausencias tan llenas que ahogan.
Respuestas para todo.
Soluciones a la nada.
Y luego estamos nosotros,
que vete tú a saber
y yo a entender.

23

## Nada que leer

Echo de menos que me mires de frente, sin esconderte. A veces creo que lo evitas porque temes que lo lea todo en tus ojos; a ratos, pienso lo contrario, que no hay nada que leer o que yo soy ya analfabeta para tus letras.

Añoro que me cuentes secretos con canciones. Que me digas sin decirme, que lo canten por ti otros que hayan escrito ya unas letras para nosotros.

Pienso mucho en el frío de la calle y los planes cálidos, en que perder el tiempo contigo a ratos es ganarlo. En sonrisas, en carcajadas, en musas y en ganas. Ganar cosas que se escurren de los dedos.

24

## Canción de cuna

Duérmete niña,
duérmete ya,
que lo que tenga que ser,
será.

Ponle a la noche
una capa de inconsciencia.
Que todo brille.
Que nada importe.
Que lo que tenga que ser,
será.

25

## Malasaña

Las calles guardan recuerdos. Siempre. Y vuelas al rememorar, al desear, al soñar, al pisar de nuevo cada adoquín.

Malasaña vuelve a ser protagonista en mi próximo proyecto, quizá porque corrí por sus callejuelas en días que se convertían en noches y noches que terminaban en madrugadas. Allí soñé mucho y volé alto…, y reí con fuego en los pulmones y brindé por promesas que cumplí con una sonrisa u olvidé entre lágrimas. Conocí y trasnoché, apagué colillas e intenté dejar de fumar, permitiendo escapar de entre mis labios un humo dulce. En el empedrado de sus calles destrocé la suela de mis botas altas y me morí de frío dentro de mis zapatitos de tacón bajo. Me perdí, me encontré, besé, abracé, conocí, arriesgué, me tiré a la piscina, bailé, robé, encendí, apagué, me encabroné y quise. Quise a rabiar. Y de nada, ni de unas cosas ni de las otras, me arrepentí jamás. Ni lo haré.

Tenemos voz para pelear por lo que queremos. Tenemos pecho para sentir lo que decimos. Tenemos verdad y nunca es tarde para decirla.

26

## Mis pequeños motores

Me encanta levantarme, darme una ducha y acostarme otra vez, aunque no vuelva a dormirme. Es un acto de «rebeldía» con el que a veces empiezo mis vacaciones.

Me gusta trabajar de noche, con calma, los auriculares puestos, un vaso de agua con hielo, aunque sea invierno, y canciones que no me recuerden a nadie.

Las camas deshechas me parecen sexis, como si contuvieran el recuerdo de mucha intimidad.

Tengo mil peros que ponerle a mi cuerpo, sin embargo, adoro el color de mi pelo que aún no he conseguido hacer creer a mis sobrinos que es natural.

Que la gente a la que quiero comparta canciones conmigo me hace feliz: un wasap con un link a YouTube o a Spotify me hace el día (y muchas de mis amigas ya lo saben).

Soy amante del silencio. Si estoy sola en casa, puedo pasarme días sin hablar. Canturreo, eso sí, pero si considero que no hay nada que añadir, prefiero masticar palabras a escupir mentiras.

No me haré la guay; me gusta la soledad, pero hay días que me mata, por más rodeada de gente que esté.

Soy bastante obsesiva y, en ocasiones, que falle una sola pieza hace que todo el puzle se me descalabre.

Me encuentro leyendo, escribiendo, escuchando música, curioseando en una librería, aprendiendo, cocinando, cantando…, aunque ojalá lo hiciera como mamá. Me quedé a medio camino entre cantar bien y no hacer el ridículo. Pero no me subas nunca a un karaoke…, aúllo como una animal.

Estoy un poco enamorada de lo oscuro; de la ropa negra, de las pelis de terror, de los cuentos de Lovecraft, de las historias de fantasmas, de los cementerios y de los paisajes lluviosos. Una casa en semipenumbra donde se escucha la lluvia y huele a café es mi sitio.

Nunca tendría suficientes libretas, velas, pintalabios, zapatos, libros y pijamas. Soy muy desordenada, pero soy buena disimulándolo.

Mi sueño preferido es que vuelo. Y cuando sales tú.

Me gusta la gente con manías que no esconde que las tiene; me aburren soberanamente las personas que intentan pasar por perfectas, porque me enamoro de la imperfección cada día.

¿Y por qué este texto? Porque recordar nuestros pequeños motores hace avanzar la historia.

Nacimos para ser felices, no perfectos ni interesantes.

27

## Tantas cosas y ninguna

¿Qué es el amor?

Escribo sobre ello; debería tener una mínima idea de lo que hablo. Sin embargo, sigo andando a tientas.

El amor es el último trago de un refresco en un día de mucho calor. Un abrazo sin venir a cuento, con los ojos cerrados, sin importar quién mire y cuánto dure. Es pasar cuarenta minutos delante de un escaparate eligiendo un regalo. El amor es decir «Me marcho, no puedo más» y las razones por las que el otro hará que valga la pena quedarse. Porque querer también es decir «No te vayas».

Querer es una lucha diaria por mantener puertas cerradas y abrir otras tantas. Es llamar porque se ha estropeado el aire acondicionado, decir «No te duermas aún, me apetece que hablemos un rato» o esas miradas que besan antes que los labios.

Amar a alguien es dejar de ser cobarde. El amor es tragarse el orgullo, escribir un mensaje, preguntar una chorrada para tener una excusa para hablar. El amor es aprender a decir «Te echo de menos», «Me has hecho daño», «No concibo mis días sin ti», «Solo quiero bailar si es contigo» o un sencillo «¿Cómo estás? Estoy pensando en ti».

Querer es comprar algo inútil porque hace ilusión. Es perder el tiempo y sentir que se gana. Es salir corriendo por calles empedradas, hasta arriba de sueños, risas y vino, y que no importe cuándo suena el despertador. El amor es un «ve al baño, yo te espero», un cigarrillo a medias, un «qué guapa eres, joder», un «baja, estoy en el portal, vamos a pasear un rato» y para los clásicos un «te quiero». Pero un «te quiero» que no responda a cárceles de convencionalismos, que no sea repetir un mantra o una muletilla antes de colgar el teléfono. Los «te quiero» casi se escupen de entre los labios, porque queman y anidan en el pecho hasta pudrirse si no se dicen.

Amor es tocarte el lóbulo de la oreja cuando nadie mira y esperar que sepas qué significa.

El amor…, tantas cosas y ninguna, y todas podrían resumirse en una canción.

Mi propuesta de hoy «Powerless», de Rudimental con Becky Hill.

28

## El ancla

¿Qué es echar de menos?

Es un ejercicio de paciencia, que a veces termina en desesperación, otras en reencuentro y muchas en olvido.

Añorar es el símbolo de que dejamos un ancla en algún sitio o en algún pecho y que, o nosotros o el lugar donde nos anclamos, echamos a andar con otro rumbo.

La lógica diría que se echan de menos cosas que llenan. Esas que nos hacen reír como si la risa fuera lava y nuestra boca un volcán. Explosión de felicidad momentánea. Esas que hacen germinar sentimientos dulces, colores pastel y sabor a nostalgia cuando se acaban. Ojalá se quedara solo ahí. Porque en ocasiones (y no en pocas) se añora el esfuerzo, lo salado (las lágrimas, el sudor, el mar, como decía un poema que leí hace días), lo que nos vacía de tanto llorar y gruñir, lo que nos pone delante del espejo y saca lo peor de nuestras lenguas. ¿Añoramos también lo malo? No, supongo que en ese caso añoramos sentir.

A pleno pulmón, a manos llenas, a orgasmos, a veces en éxtasis o en silencio.

Los síntomas pueden variar de un individuo a otro: hay quien no puede dormir, quien sueña, quien quiere un abrazo, quien deja de comer, quien come a manos llenas, quien se agarra a lo que le rodea, quien pide lo que necesita y añora, quien se dedica a joder porque se miente y no acepta que se le fue la risa sin saber.

El resultado tampoco es el mismo. A veces echar de menos es el primer signo de alarma; otras, la única forma de curar una herida que el otro no quiere sanar cuando está cerca…, en el resto, la primera fase del olvido.

Añorar es solo la respuesta a un vacío. En nuestra mano queda entender dónde quedó lo que nos llenaba cuando no sentíamos frío.

29

## Escribe

A ti,

Sí. A ti.

Déjame pedirte algo. No soy pedigüeña, tan solo para los besos, así que, por favor, concédemelo.

Escribe. Si te gusta, si sientes que las palabras brotan de las yemas de tus dedos, si te quitan el sueño…, escribe.

Escribe sin parar hasta que aprendas que dentro de cada una de las letras estás tú, en posición fetal, rezando para que nadie te reconozca y, a la vez, deseando que se conviertan en espejo, reflejo, calma.

Escribe, por favor, pero déjate el alma en cada página; nunca des por bueno lo primero que salga, jamás dejes de ponerte en duda. Pero…

Pero no te castigues, no te escondas, no te justifiques. Las palabras no están ahí para que inventes a alguien que no eres; jugar a correr en los zapatos de otro no es fingir ser otra persona. La diferencia se entiende con los años.

Sueña. Hazme soñar también. Deja que, entre tus páginas, siga el camino de baldosas amarillas de los recuerdos, me pertenezcan o no.

Siéntete libre y deja que te crezcan las alas a las que a veces tienes miedo.

Escribe. Que tu historia, la mía y la de aquel que se abrió a ti sin saber muy bien por qué engorden las mayúsculas y las minúsculas. Cambia. Juega. Ay…, jugar te gusta…, por eso terminaste con letras en las manos, en los párpados, en los tobillos, en el futuro.

Escribe. Y si dudas…, escribe con dudas. Y si estás seguro…, escribe y luego busca a alguien que tenga las dudas por ti y entre los dos sellad el trato de ser honestos y decir siempre la verdad, al menos en lo que a las letras se refiere.

Y cuando acabes, sé consciente de que eso que tienes delante es tu reflejo.

Y que te desnudaste por completo.

30

## Ojalá yo

Ojalá escribirte ahora,
en pleno insomnio,
para contarte lo de mi miedo a volar.
Cómo imagino que siempre es mi último viaje.
Cómo, aun así, nunca cedo al pánico.

Ojalá poder llamarte ahora,
que todo está tan quieto,
y confesarte un par de canciones
y dejar que deslices tú otras tantas
que hablen por nosotros.

Ojalá escuchar cómo respiras a mi lado,
que vuelvas a decir eso de «Pon el despertador»,
«Quédate un rato»…
Y ponerlo.
Y quedarme.
Ojalá oír cómo me preguntas si queda agua
y decirte que no,
que tu piel me da sed,

que me bebí el mar al besarte,
que tu sexo me seca la boca,
aunque me empape entera.

Ojalá ver cómo te ríes,
porque no sabes si tengo más sueño o hambre de ti.
Y esa sonrisa que se te escapa,
y se clava entre mis dos pechos,
cuando llegas a la conclusión de que nunca tendré suficiente
sueño
como para no tenerte hambre.

Ojalá saborear aquí, ahora,
tu saliva,
que puede que no lo sepas,
pero sabe a tu perfume,
a noches mal dormidas,
a orgasmo
y a sed.

Siempre sed.

Ojalá olerte.
Dios.
Olerte.

A fondo.
En el centro del pecho.
Pegado a mi boca.
Los mechones de tu pelo.
Las manos.
Y que todo huela a ti.
Y a mí.
A cama.
A ganas.
A tener fuerzas.
A ser honestos,
humanos.
A volver.

Ojalá acariciarte.
La espalda donde clavé las uñas.
Los brazos que me sostuvieron.
La barba que me arañó.
El pecho en el que me apoyé.
Los labios que me recorrieron.
Las palabras que dijiste entre dientes.
El aire que salió de tus pulmones y entró en los míos.
El veneno de los lametazos.
La calma de la intimidad.
La noche donde empezamos a guarecernos.

¿De qué?
De nosotros, supongo.

Ojalá atreverme a escribir un «¿qué haces?»
y que me contestes:
«A ti,
memoria,
recuerdos,
tu nombre en mi piel,
encadenar minutos
a las ganas de escribirte
"¿Qué haces?" también a ti».
Ojalá tú, pequeño.
Ojalá yo.

## 31

## Ser valiente

Vale la pena, te lo prometo. Vale la pena abrirse en canal las costillas y dejar a la vista los miedos y los vacíos. No digo que eso lo solucione, pero vale la pena.

Vale la pena sentirse pequeño y sobrepasado y pensar que la vida va deprisa y no tienes freno al que echar mano.

Incluso el vértigo, el nudo en la garganta, destruir los límites lógicos de tu propia razón, la sensación de caída, la quemazón coordinada en un punto del cerebro, del pecho y del estómago a los que es imposible acceder.

Valen la pena.

Porque luego viene el juego, la ilusión, contar los lunares y dibujar constelaciones entre ellos con las yemas de los dedos. Descubrir cuánto nos gusta acariciar el pelo del otro, delinear caminos con los labios sin necesidad de fuego. Vienen los besos somnolientos, las risas idiotas, la desnudez íntima entre dos personas que no solo entienden de sexo cuando se quitan la ropa. Y ese momento…, ese momento en el que te das cuenta de que eres más tú que nunca, que no hace falta fingir, que no necesitas un «yo» mejor que tú, porque te ve… Te ve, y así todo está bien.

Llegan las mañanas en la cama, viendo a deshoras una película sesuda. Los silencios cómodos. Los domingos de sofá y mordiscos. Las miradas cómplices que se convierten en un lenguaje secreto entre dos locos a los que el mundo no entiende, ni falta que hace.

Y volar. Volar corriendo por las calles, cuando sus triunfos te llenan, cuando fantaseas con ser la mejor versión de ti para compartirla. Creer incondicionalmente en que, vaya bien o vaya mal, vale la pena.

Habrá malas noches, mañanas amargas, alguna palabra agria. Habrá malentendidos, rencores, besos soterrados bajo enfados tontos y hasta discusiones que hagan temblar los cimientos. Habrá hielo que derretir con mucha llama. Porque lo que se agarra a las tripas vale la pena.

Puede que no sea fácil, pero porque todo lo que importa nunca lo es. Pero vale la pena, te lo prometo. Querer vale la pena. Querer a lo loco. Querer a manos llenas. Querer de manera irreverente, inconsecuente, incongruente, rebelde. Querer aunque te tachen de loco. Vale la pena. Y ser valiente. Eso también.

# 32

## Se nos hizo tarde

Mi lista de «cosas que quiero hacer este verano» está llena de puntos sin tachar.

No sé si me dará tiempo a ver, en un cine de verano, esa peli documental que no nos queríamos perder. Tampoco sé si me darán los días para «cerrar» la terraza de la plaza de San Ildefonso mientras me río a carcajadas. Es posible que ya llegue tarde para bailar, bajo un montón de bombillitas, una canción antigua pero de las de bailar *agarraos* y poniéndole el alma, aunque me parta de risa.

Aun así, no pierdo la fe. Quiero ponerme tan morena que no me haga falta más que un poco de *highlighter* para verme mona.

Me encantaría leer los doce libros que tenía pendientes para estas vacaciones, pero hasta yo, que peco de optimista muchas veces, sé que será imposible.

Me gustaría irme a México la semana que viene habiendo hablado contigo, de la manera que sea, un poquito.

Tengo que poner fecha para la cena en mi terraza con esos amigos a los que les debo la invitación desde que empezó el buen tiempo. Y tantas…, tantas cosas…, no sé si me pasé con los propósitos o me comieron las buenas intenciones (las mismas que ahora me escupen a medio masticar). Lo que sí sé es que a veces es difícil discernir si se nos hizo tarde o aún es demasiado pronto. ¿Verdad?

## 33

# Más gata que humana

Escribir y los gatos, qué idilio tan curioso. ¿Será porque todos los que nos dedicamos a esto (o dedicamos nuestras horas a ello) tenemos alma felina? Escurridizos, algo tímidos, damos amor a manos llenas solamente cuando nos nace del pecho, porque no sabemos ser de otra manera. Quizá. Y quizá también, como los gatos, cada uno añade una pincelada de personalidad propia a los rasgos comunes.

No lo puedo evitar: a ratos soy más gata que humana y no me subo a los tejados, pero sí por las paredes. Amo la soledad escogida, pero me pongo panza arriba cuando quiero mimos. Bufo cuando me caliento (y no en el sentido erótico);
soy capaz de arañar, pero prefiero esconderme si estoy enfadada; cuando estoy contenta no lo puedo ocultar y me encanta la vida contemplativa. Si mis gatos bebieran vino blanco, amaran los zapatos de tacón y supieran leer, creo que seríamos almas gemelas.

Un brindis por los animales: gatos, perros… o humanos. Un brindis por todos. Y que nada o nadie nos quite nuestra parte animal.

34

## Pon mi nombre a todos los verbos

Léeme, pero no entre líneas.
Léeme a los ojos.
No tengas miedo.
Nunca he sabido mentir con las pestañas.

Tócame, sin miramientos.
Deja que tu mano aparte un mechón de mi pelo.
Juega con tus dedos y los míos.
Abrázame sin vergüenza,
pero con los ojos cerrados.

Y léeme,
tú no dejes de leerme.

Huéleme también.
Dime eso de que escribirías novelas sobre mi perfume,
aunque lo cambie cada semana.
Dime que embotellarías el olor de mi piel
y lo derramarías en mil almohadas.

Guárdame en el cajón de los sabores bonitos,
aunque alguna vez hayamos sabido a humo y vino.
Paladea, suave,
deshaz sobre tu lengua los terrones de recuerdos.
Y hasta de olvidos.

Háblame.
Susúrrame.
Grítame.
Grúñeme.
Gímeme.
Jadéame.
Cántame.
Recítame.
Sílbame.
Ríeme.
Muérdeme.
Chasquéame entre la lengua y tu paladar.
Haz lo que quieras,
mientras te llenes la boca con mi nombre.
Pero no mientas,
porque lo sabré…, da igual si de palabra
u omisión.

Tú siente.
Siénte(lo)-(la)-(me)-(nos).
Hazlo con la misma gallardía
con la que vaciarías la copa después de un brindis.
Contra una pared cuando toque,
apretados detrás de la puerta si se tercia.
Con flaqueza en las rodillas,
sin avergonzarte de ella.
Con labios (dientes, lengua, saliva) valientes,
aunque te mueras de miedo.
Escríbeme,
con los labios en mi espalda,
con un rosario de cardenales
(de pasión y torpeza),
con saliva, sal y semen.
Dibújame espirales en la tripa,
mariposas en la frente,
besos imaginarios en los dedos
y la cuenta atrás
de esos cinco minutos más
que sí nos daremos.

Y, si estás asustado, dilo, joder.
Dime que te has hecho pequeño,
y los dos nos haremos grandes.

Dime que te sientes solo,
y nos burlaremos del miedo.
Dime que soy un problema,
un coñazo,
odiosa por momentos,
un desastre.
Dime que no soy lo que imaginaste,
que no encajo en ningún sitio,
que me sobran las maneras,
las palabras e inconsciencia.
Dime, que yo escucho,
pequeño, libre, imbécil,
compañero.

35

## Frida Kahlo

Decía que en su vida sufrió dos accidentes: uno fue en el colectivo cuando era joven y el otro..., el otro fue Diego Rivera. Es curioso que a pesar de lo muchísimo que Frida padeció con este amor, siempre volvió a él. Hoy comparten un mismo billete, cada uno en una cara..., tan cerca y tan lejos.

Mi madre dice que los amores reñidos son los más queridos, pero... ¿hasta dónde?

## 36

### ¿Qué es la intimidad?

Odio el verbo «intimar» como sinónimo de «sexo». El sexo puede tener intimidad, pero no tienen por qué ir de la mano.

No significa follar (arriba, abajo, frente al espejo y los dientes clavados en el hombro); no tiene nada que ver con las bocas húmedas de lamer y succionar. La intimidad no se traduce en un orgasmo.

Intimidad son unas sábanas desordenadas sobre las que la desnudez no importa, pero alguien pregunta si alguna vez te sientes sola. Una canción intencionada. Un paseo en silencio cuando ya está todo dicho. Una nota de voz tonta que significa que me añoras.

Intimidad son los apenas treinta segundos de dos manos cogidas entre una multitud que deja de importar. El cosquilleo de una sonrisa que sabes qué significa. Una palabra clave con la que huir o echar a reír.

Intimidad es que alguien te mire a los ojos y te pregunte qué te pasa, sabiendo que algo pasa a pesar de que seas buena actriz. Y dejar caer el disfraz, eso también es intimidad.

Desnudarse más de pretextos y excusas que de prendas de ropa. Susurrar más que gemir. Porque el sexo, al final, se comparte con cualquiera que te excite, pero quien sea capaz de erizarte la piel, hacerte sentir pequeña, débil, fuerte a la vez…, ese «quien» se cuenta con muy pocos dedos.

Y, ¿sabes?, si el pecho pide intimidad, no se contentará con sexo igual que la sed no se cura con pan. Y si lo que te pide es sexo, la intimidad siempre se quedará a un paso de cumplir el deseo.

Si algo he aprendido es que hay que escuchar lo que retumba dentro porque lo demás es solo perder el tiempo. Y la intimidad llena demasiado como para ignorarla de por vida. Sin ella, qué días más tontos. Qué años más grises.

37

## ¿Quién eres?

Siempre me levanto despeinada…, pero no despeinada como cualquier mortal; en mi caso parece que he hecho la croqueta de cabeza durante horas (y de muy mal humor), hinchada como una colchoneta de unicornio (pero menos mona), con ganas de volver a la cama y pasar el día con la cara aplastada en la almohada.

Hay días que una limonada casera me pone muy contenta. Mañanas en las que un libro es un viaje, incluso dentro de un viaje. En ocasiones, me levanto con el motor de las letras encendido en los dedos; otras, me cuesta encenderlo a base de café, canciones y algún pitillo fumado en la ventana.

Me gusta que la gente a la que quiero se acuerde de mí en un viaje y recoja una piedra por la calle para dármela al regresar; las pequeñas rutinas y, sobre todo, saltármelas. Me gustan las tardes que se convierten en madrugadas andando por Madrid, hablando de recuerdos, de la levedad del ser o de cuál es la canción más triste del mundo. Conocer gente nueva, saber de alguien algo que nadie más sabe (a veces solo hay que estar atento a las miradas), compartir canciones con personas especiales, guiños y carcajadas sonoras que encierran mucha vida.

Soy de las que se ponen triste de vez en cuando sin saber el porqué, que llevan la aplicación de notas del móvil llena de pensamientos, que escriben cosas que nunca dirán y que dicen otras que nunca, jamás, escribirán.

Soy, como todo el mundo, mis luces y mis sombras. Soy cosas que cambiaría cada día y otras que ni siquiera aún sé.

Y tú… ¿has pensado últimamente quién eres? Y sobre todo… con quién lo eres.

38

## Habitaciones de hotel

Esos lugares. Contenedores de horas de sueño en alquiler; acumuladores de instantes de vidas que vienen y van. Un mismo colchón, tantas emociones diferentes…

Sobre una misma cama alguien durmió o lloró hundiendo la cara en la almohada para no ser escuchado; habrá quien pasó horas mirando el techo, esperando al sueño; quien soñara con los ojos abiertos, y quien follara hasta darse cuenta de que la piel es solo piel y el alma necesita unas caricias especiales. Atendamos a la piel sin rendirle pleitesía.

Existe el ejercicio a la inversa. Una misma persona, decenas de hoteles diferentes. Y nunca una noche es igual a otra y en todas se sientan a los pies de tu cama los mismos fantasmas de lo que no dijiste cuando tocaba, de los sentimientos que desnudaste delante de la persona equivocada o aquello que queda por hacer. Siempre creí en cosas no tangibles, pero sobre todo en los fantasmas de nuestros propios recuerdos, del futuro que imaginamos y de las expectativas aplastadas.

Habitaciones de hotel…, tan llenas de besos, discusiones, mentiras, susurros sobre la verdad más cruda, preguntas, dudas, orgasmos, semen, amor, nostalgia, risas y canciones.

Y en todas, el eco de algo que siempre dejamos atrás, impregnando sus paredes.

39

## Lo que mereces

Puedes permitirte un mal día, una mala semana, un mal mes, un mal año, pero no la desidia, la desgana permanente o la mentira de un disfraz que no te encaja, porque no lo mereces.

Mereces poder decir que necesitas un abrazo y que alguien te abrace (incluso sin pedirlo). Mereces la libertad de decidir cuándo y con quién admitir que a veces te sientes solo (porque todos lo sentimos de tanto en tanto). Mereces aceptar que sentir lo que sientes está permitido. Mereces mirarte en el espejo y ver aquello que quieren los que te aman y no eso que acostumbras a repetirte, señalando los defectos, flagelándote con culpas, repitiendo en tu propio oído cómo podrían ir las cosas si tú supieras/hicieras/pudieras/fueras… Te tienes y te mereces saberlo.

Te mereces un respeto, pero no lo busques en otro; bríndatelo tú. Mereces también que lo que otros juzguen de tu vida, tu aspecto, el objeto de tu felicidad, tu vocación, tus sentimientos, tu sexo, tus sueños… te la sude.

Mereces besos sinceros, mordiscos salvajes, uñas en la espalda, jadeos al oído y dientes en el hombro. Mereces piel de gallina. Estornudos satisfactorios. Estirarte en la silla.

Una canción bonita. Un mensaje de buenos días… o de buenas noches. Mereces ser libre para decir tu verdad. Comerte un helado en la cama. Llorar con un libro. Reírte a muerte con un amigo. Quemarte de curiosidad y satisfacerla con gusto. Y acariciar a ese gato callejero si se deja y planear un viaje, aunque nunca vayamos a hacerlo, e invitarme a una cerveza en la calle si te apetece, para que la bebamos sentados en cualquier bordillo.

Mereces que te diga cuánto me importa lo que me importas, que es mucho.

Mereces. Merezco. Merecemos. Solo… permítetelo.

40

## Entender el amor desde los ojos de un gato

No me gusta la expresión «tener mascota». Hace años que convivo con animales y me gusta pensar que es justo eso lo que hacemos: convivir. Con nuestros más y nuestros menos, con nuestras libertades y dependencias. Mis gatos me necesitan para algunas cosas y yo a ellos para otras.

¿Habéis pensado alguna vez en el amor tal y como ellos lo entienden?

Dicen que la parte más vulnerable de los animales es, en la mayor parte de los casos, su cuello, pero eso no impide que mis gatos me pidan mimos en ese punto. Ponerse panza arriba, relajados, indefensos, mansos. Aunque yo sea muchísimo más grande que ellos, aunque tenga más fuerza, aunque me bastaría (por tamaño, no por voluntad, por supuesto) un mal gesto para hacerles daño.

Así es como me enseñan, cada día, a entender el amor. El amor bueno, desinteresado, noble y de verdad. Un amor que, para que exista, debe dejar a la vista nuestros miedos y permitir que la yema de otros dedos acaricie nuestras cicatrices.

Si uno pretende mostrarse invencible, si no abre su pecho, si no enseña sus rincones oscuros, no puede ser querido.

Querido de verdad. Quizá sí adorado, pero ojo con la diferencia entre una cosa y la otra. Porque no amamos las cosas bonitas o perfectas, las eternas e impertérritas, sino aquellas que pueden romperse, que pueden ser fugaces, pero tan de verdad como nuestros propios pánicos. Queremos aquello que hace de la idea de estar por aquí de paso algo bello.

Hagamos como mis gatos entonces: dejemos que otro acaricie nuestro yo vulnerable mientras aprendemos a ser dignos de su confianza.

Y no hablo solo de nuestros animales…

41

## La frívola felicidad

Cambiar un AVE a última hora y pasar la noche en Barcelona…, porque sí. Porque los abrazos no tienen precio y no se pueden desaprovechar.

Comer un pincho de tortilla en pijama y beber un vaso de leche para desayunar.

Planear una siesta para reponer fuerzas porque el viernes tiene pinta de terminar con mi pintalabios dejando huella en alguna copa.

Hacer planes para mañana con unas amigas…, una comida en un sitio cuco, unas botellas de vino, quizá algún garito con música alta y gente de todo tipo.

Recibir flores en casa que, para más inri, dejaste encargadas hace tiempo para ti misma porque eres una olvidadiza y sabías que conseguirías sorprenderte y alegrarte una mañana.

Planes. Gestos. Aventuras. Abrazos. Un baile. Zapatitos cómodos. Flores y un jarrón de cristal bonito. Un pintalabios fuerte. Mimos. Tu gente…

Las pequeñas cosas que dibujan ese estado tan etéreo que es la felicidad.

42

## La primavera más lluviosa en años

Fue la primavera más lluviosa en años.
Copó todas las noticias y los periódicos.
Nos ahogábamos.
Andábamos siempre húmedos,
mis muslos y mi ropa interior,
tu boca jadeante.
No dejaba de llovernos en el punto del cuello
donde condensábamos gemidos.
Nunca conseguíamos secarnos;
cuando dejaba de llover,
llegaban las copas que vertíamos
sin cuidado,
garganta abajo,
para tener una excusa y ser dos locos.
Nos llovió en la calle, sin paraguas,
mientras fingíamos que estábamos secos,
porque quizá lo estuvimos demasiado tiempo…
por dentro.
El musgo crecía en las conversaciones, cargadas de lluvia
y la humedad del sexo.

Nos llenaba las bocas de un sabor frío
que intentábamos calmar a dentelladas,
sin éxito.
Florecieron, con tanta agua,
las promesas de calma que no se cumplirían
y un montón de palabras que no hacían falta,
pero que adornaban las mentiras que nos contábamos.
Yo a mí.
Tú a ti.
Yo a ti.
Tú a mí.
Inundamos los ojos y las sospechas de todos cuantos nos cruzábamos.
Fue la primavera más lluviosa en años…, y consiguió pudrirnos.

43

## Ella

Ella. La que se ríe como una loca cuando está nerviosa. La que cambia de perfume cada día. La que siempre lleva ropa interior que la haga sentir bien, aunque lleve puesto un pijama. Ella. La que habla a sus gatos en susurros en su lengua natal. La que es desordenada pero no soporta la suciedad. La que duerme poco pero sueña demasiado. La que compra cantidades ingentes de libros y se promete leerlos todos; «este año sí». Ella. La de los zapatos de tacón fino, las zapatillas algo sucias y las bailarinas de niña. La que odia la marca que el botón del pantalón deja bajo su ombligo al sentarse…, pero adora que la besen justo ahí. La del armario casi negro y los labios muy rojos. La que vive obsesionada con la música. Ella. La que llora a veces en la bañera sin saber por qué, pero se queda nueva. La que quiere salvarte, pero a veces también se ahoga. La que almacena olores junto a los recuerdos.

Ella. La incoherente, procrastinadora y, a veces, lúgubre y siniestra. La que siempre quiere escuchar historias de fantasmas y pasear por cementerios; que lleva la rareza como bandera y las curvas como estandarte, pero luego ojea el *Vogue* y quisiera ser parisina y, ya que estamos, más delgada…;

porque lo dicho, lo de la coherencia aún es asignatura pendiente.

Ella. La que por una copa de vino y un plato de queso lo dejaría todo. La que acompaña las malicias con un guiño. La de las pestañas que no son suyas. La que no sabe recitar poesía pero canta cuando está sola y nadie la escucha.

Ella. La que recuerda qué llevabas puesto cuando te conoció, aunque tampoco le importe demasiado. La que no tiene paciencia ni con ella ni con los besos ni en la cama ni en la vida. La que nunca se sonroja cuando pide.

La niña. La puta. La mojigata. La nocturna. La pendenciera. La responsable. La mujer madura. La danzarina. La malcarada. La gata enfadada, mimosa, celosa y en celo.

En realidad, hay tantas ellas en cada una de nosotras que… ¿por qué no serlas todas?

44

## Un mapa nuevo

Querido Madrid:

Hagamos las paces otra vez. La nuestra es una de esas relaciones por las que nadie da un duro, pero que se afianzan en una especie de amor-odio, al principio tóxico hasta que se transforma en «vamos a querernos bien, bonito, que lo mucho o poco no importa si no se hace como se merece». Has sido padre que abraza, pero también hostil por necesidad. Después de unos meses de tira y afloja, aquí estamos de nuevo. Porque yo sin ti ya no sé ser y tú sin mí…, quiero pensar que, de alguna forma, soy parte de ti.

Tenemos el problema de las viejas parejas que conocen demasiado bien las heridas del otro y se encallan en los huesos que más duelen. He perdido mucho tiempo soñando en idiomas imposibles, recorriendo calles de caminos sin salida, dando vueltas en círculo siempre por los mismos barrios, bares, vasos vacíos. En la sensación brutal de haberlo vivido ya.

Pero hoy hacemos las paces mientras paseo por uno de tus barrios que casi tenía olvidado. Ha sido como quitarte una prenda de ropa y descubrir que tu cuerpo aún me excita.

Un camino perdido que se puede seguir recorriendo. Y eso me enciende. Así que, como dicen algunas de mis chicas, vamos a pintarle un mapa nuevo a tus calles. Vamos a enamorarnos otra vez en bares, calles, plazas…, vamos a redibujarnos. Empezamos de nuevo, ¿vale? Lo haremos bien.

45

## Día de rarezas

Los domingos son días para hacer culto a nuestras rarezas, esas que creemos mantener ocultas.

Casi todas mis canciones preferidas tienen más de treinta años. Tengo la firme creencia de que hay personas con «alma eléctrica» y las quiero cerca, muy cerca, aunque a veces no sea recíproco. Del cien por cien de mi memoria, el sesenta por ciento lo ocupan recuerdos con detalles milimétricos de mierda que no me sirven para nada, por ejemplo, cómo ibas vestido cuando te conocí, qué sonaba en la radio en momentos puntuales y olores. El resto se reparte entre funciones vitales básicas y letras de canciones.

Me flipa comer sopa, aunque haga calor. Cuando veo las películas de Thor (porque, si las echan en la tele, tengo que verlas), el que mejor me cae es Loki, ya ves tú.

Fantaseo mucho con situaciones que no van a ocurrir y que, mil veces, terminan siendo carne de novela. Planeo un montón de cosas que al final no hago porque nadie me quiere acompañar, como ir a la ópera, probar ese restaurante asiático de Lavapiés o hacer una ruta por las librerías más raras de Madrid. Confieso que, algunas veces, hago las cosas sola y las gozo igual. O más.

Me gusta pasar miedo, los valientes y los cobardes…, la gente que se rompe y, sobre todo, quienes cuentan conmigo para sus planes locos.

Fantasmas. Palomitas sabor mantequilla. Morderme las uñas. Fumar asomada a la terraza. Un vaso de gaseosa sin azúcar. Ponerme mascarillas en los pies, manos, contorno de ojos, labios y cara. Si es domingo y no sabes qué hacer, soy tu chica. Un pijama, mi sofá y un ciclo de cine que podamos criticar malignamente mientras comemos queso, uvas y nueces…, y después pido algo preparado para cenar, del tipo «¿yo por qué me habré comido esto?». Bebedora de cervezas a morro, cantante heavy con un dudoso inglés, señorita Escarlata jurando cualquier chorrada con los ojos vidriosos, asustadora profesional, corredora de carreras por pasillos, probadora de camas, cocinera amateur. Es domingo, día de rarezas. ¿Qué hacemos el próximo?

46

## Carta a ti, Él

Querido Él:

Hay muchos Él. En el mundo. A tu lado. Al mío. Al suyo.

Primero…, olvida todo lo que crees que debes ser. No debes ser nada, solo feliz. Quítate de encima la presión de tener que parecer tal o cual cosa. Solo sé.

Olvida el rol, el papel, quién te dijeron un día que debías ser. Arruga lo que otros supusieron que debía gustarte como haces con un papel. Y que te guste lo que te haga vibrar los dedos, temblar la voz y cosquillas en el hueco que queda bajo tus costillas.

Haz real la revolución en la que crees y empieza por ti, por creerte bueno, mejor, por dejar de vaciarte con aquello que debería llenarte.

Olvida esa tontería de que «los hombres no lloran». Ten por seguro que, si alguna vez lloraste frente a mí, fue ese el día en que decidí que te quedabas, ahí, en ese hueco que también guardo bajo las costillas.

Tener miedo no es de cobardes, es humano; lo tonto es hacer creer que no se tiene. Camuflar el miedo con un disfraz de aburrimiento es perder un tiempo que no vuelve.

No creas que necesito que me protejas, que me desees, que me ayudes a encontrar mi sitio en el mundo…, porque no te necesito, yo te elijo, que es mejor. Somos compañeros de mundo; es mejor que joder, pelear o dominar. Es un juego de valientes, porque ambos sabemos que el otro está al mismo nivel. Una lucha de gigantes, de invisibles, de iguales.

Comparte conmigo todas las canciones que te apetezca y hagamos juntos una lista con la banda sonora para las historias imposibles. Y las posibles también.

Disfruta, como si nadie mirase. Deja de pensar en qué estamos pensando cuando te miramos. No eres lo que las mujeres ven en ti, lo que otros hombres ven en ti, lo que de pequeño creías que serías tú. Eres, y eso es, en sí mismo, mucho más a lo que aferrarse.

Y, si ves que puedes hacerme daño, si conoces el rincón donde más me duele el golpe, si sabes dónde guardo las cicatrices…, tienes dos opciones: usarme para hacerte sentir «más hombre», sea lo que sea esa idea rancia, o asumir que eso es la intimidad. El ser junto al otro.

Decide bien, porque hay caminos sobre los que no es posible dar marcha atrás.

47

## La lluvia en Madrid

Lo que más me gusta de los días de lluvia son los días de lluvia. La posibilidad de llenar la bañera hasta los topes de agua caliente y dejar disolverse una bomba de baño.

Escuchar esa canción que me puso la piel de gallina, que me dedicaste, que creíste que me gustaría, que susurra tu nombre despacio cuando la escucho de noche mientras escribo, que me recuerda a algo feliz.

Las empedradas calles de Malasaña empapadas, como yo. Recorrerlas en busca de ese garito al que fuimos una vez y que nunca he vuelto a encontrar.

Una cena de amigos. Un mensaje mientras dormito en el sofá. Despegarme la necesidad de seguir en pijama para pintarme los labios y salir por ahí, contigo, aunque se nos rompa el paraguas cuando más lo necesitamos. La lluvia no nos encogerá, porque juntos somos enormes.

Un cigarrillo fumado bajo el estrecho umbral de ese bar, donde siempre se hacen amigos.

Unos versos mojados en un libro manoseado, más viejo que yo. Los botines y las medias. Las promesas de lo que haremos cuando llegue el buen tiempo, pero que nunca cumpliremos.

El olor a tierra mojada que nunca me he explicado en la ciudad. Un abrazo sin venir a cuento porque «coño, ven aquí, qué frío». Que no se acaben los planes. Que no perdamos las ganas. Que no nos pudra la humedad.

Hoy empiezo con el baño. Lo de después ya se verá.

48

## Romperse está permitido

A veces las personas nos rompemos. Y no pasa nada. Está bien. La debilidad está permitida, que no te engañen. Porque a veces nos rompemos y ya está.

Mi padre repite mucho un dicho sobre ser un junco que se mece con el viento y no una caña que se rompe…, o algo así, porque siempre lo digo mal. El caso es que estoy de acuerdo con él en el noventa y cinco por ciento de esa afirmación. El cinco por ciento restante me lo quedo para mí y para mi derecho/necesidad de romperme.

Te levantas y, al abrir los ojos, sin saber por qué, antes incluso de que el mundo te toque la piel, lo sabes: va a ser un día de mierda. Porque arrastras dolores, porque no siempre te piensas bonito, porque todo te parece una mierda, y ya está. Cualquier excusa es buena. Pones los pies en el suelo sin necesidad de mirar si es el derecho o el izquierdo porque, total, ya lo has decidido: va a ser un mal día.

Llorar sin motivo aparente. No querer ver a nadie. Meterte en la cama a escuchar canciones tristes (porque, claro, en esa situación Katy Perry cantando que todo es guay es lo último que te apetece). Y los mensajes positivistas sobran y molestan.

¿Por qué cojones tengo yo que estar siempre bien, sonriente, fuerte? La fortaleza consiste en saber mostrarse débil, o al menos esa es mi opinión.

Así que te rompes y te quitas la piel que te sirve de coraza, la que te duele, la que no vale para nada y, al volver a montarte, ya no eres la misma persona.

Esta semana tuve uno de esos días. No hay que tener vergüenza por estar triste alguna vez. Nada es siempre perfecto, ni siquiera en Instagram; no encuentro sentido a fingir ser alguien que no soy. Tuve un día de mierda y, cuando terminó, me di cuenta de que la buena voluntad no sirve para sostener aquello que nos hace daño.

Quizá es un buen momento para hacer limpieza… sana. Cuidarnos. Apartar cosas de nuestra vida y dejar de esforzarnos por sacar adelante aquello que nunca da nada más que frustración. Cuidarnos, hacia dentro, y recordar esa frase de Oliver en *La magia de ser Sofía:* «Que lo que quieres no te haga olvidar lo que mereces».

49

# Si…

Si te hace reír hasta cuando no te apetece. Si le encanta jugar en igualdad de condiciones. Si cuando peor te sientes contigo misma, más te dice que eres preciosa, que tiene suerte.

Si cuando estás feliz, lo está contigo. Si ama tu independencia, tus éxitos, tus bromas, tu forma de tumbarte en el sofá.

Si contigo se ríe más, si tú con él te escondes menos. Si tus penas le pesan en el pecho. Si serías capaz de dejarlo todo por él, pero sabes que él nunca te lo pediría… es Él.

Pero…

Si te hace sentir siempre insegura, pequeña, insuficiente. Si está solo cuando quiere o te necesita. Si te hace creer que le necesitas a él para andar cada día. Si tus éxitos le hacen sentir pequeño, si tus sonrisas le molestan cuando no son para él. Si le gusta jugar a que sufras por verlo con otras. Si nunca le interesaron tus cosas. Si no se preocupó por escucharte, comprenderte, conocerte. Si tus amigas le caen mal. Si tus hobbies le parecen tontos. Si dice «yo» más veces que «tú». Si no te besa porque sí, no te abraza, si al hacer el amor solo es un cuerpo…, no te merece. Vete.

50

## La piel

La importancia de la piel, que te dice dónde sí, dónde no, quién siempre, quién jamás, quién quizá un rato.

La piel, que encabeza la revolución para que deje de odiar las imperfecciones de un cuerpo en el que tú puedes hacer maravillas. Y mis dedos entre los mechones de tu pelo, aunque me tiemble la mano justo antes del orgasmo.

La piel, que golpea, se desliza, sabe y huele a la tuya y a la mía. Esa piel que nos recubre y en la que ya no sé delimitar ninguna frontera que me diga si soy visitante o nativa del pedazo que me llevo a la boca.

Que nos manden callar ahí fuera, pero nos dé igual. Que me cuentes al oído, mientras tomamos una Pepsi en un bar, ese truco que me hará gritar con total seguridad. El latigazo de dolor al que le sigue una sonrisa. La marca de unos dientes en el hombro y la de las yemas de todos tus dedos en las piernas, las caderas, los pechos y el vientre. El olor que deja el sexo sobre la piel, mi pelo sobre la almohada y tu perfume, ese maldito perfume frente al que es imposible no flaquear, tatuado hasta en mi lengua. La piel. Ay, la piel. Que cuando llena, nunca se tiene suficiente; que cuando ni siquiera sacia se necesita en abundancia. La piel, que cuenta historias como el «érase una vez» que termina con tus labios y tus dientes en mis labios y mis dientes, dentro del cuarto de baño de un garito sin nombre.

La piel, querido. Roja después del golpe de picardía, húmeda después del ejercicio de galope, tierna cuando un beso en los labios cierra el ciclo y lo reabre. Piel. Que no olvida, se reinventa, se echa de menos y brama en silencio y a veces mata por un abrazo, pero de los buenos…, de esos que se dan sin ropa y muy lento.

51

## Librerías

Cuando me siento sola, cuando no encuentro sentido a cómo me siento, cuando los recuerdos son algo así como una danza a ciegas en la que intento acordarme de una canción que ya bailé en su día.

Cuando soy feliz y tengo tiempo para mí, cuando te quiero mucho pero solo comparto conmigo misma mis lugares preferidos, cuando escapo y me zambullo entre la gente con los auriculares puestos, cuando rebusco hasta dar con ese lugar tan mío que jamás pisaré acompañada. Siempre.

Las bonitas, las ordenadas y con encanto. Las caóticas que huelen a polvo y a papel. Aquellas en las que tienes que rebuscar durante horas y esas en las que se puede pasear, tomar un café, sentarse a leer…

Las instagrameables, en las que pasean gatos, donde encontrar un ejemplar perdido o un libro nuevo que te hará sentir que la herida ya es cicatriz y duele un poco cuando llueve. Todas.

Siempre. Todas.

Feliz Día de las Librerías, queridas. Feliz Día del Hogar de estos locos que se empeñan en vivir tantas vidas como sea posible en una sola.

52

## Miedo al miedo

Ojalá el miedo fuera algo tangible para poder presionarlo entre los dedos, hacerlo crujir, dejarle nuestras huellas hundidas y saber, así, que se puede romper. Es lo que no se puede tocar lo que más miedo nos da, porque flota y no tiene forma y puede colarse por cualquiera de nuestras rendijas.

Le tengo más miedo al miedo que a la caída. Por eso los sueños que peor llevo son aquellos en los que no puedo moverme ni hablar. Prefiero mil veces esos en los que caes al vacío porque al menos estás en movimiento. En la vida es igual; lo que más miedo me da es no saber qué hacer, quedarme quieta como una ardilla frente a los faros de un coche y no reaccionar.

El miedo no resulta cómodo para nadie; hay muchas personas que ni siquiera saben qué hacer cuando el de al lado está aterrado. Y el que teme muchas veces se siente encerrado a oscuras con sus monstruos, porque decir que tiene miedo al lobo feroz le hará parecer débil. O eso creemos.

Si sabe que tienes miedo y hace lo posible para que no pienses en ello; si es capaz (pero de verdad, sin labia y palabrería de bisutería barata) de molestar su tranquilidad, hacer un esfuerzo, intentar algo para que sientas más cerca el calor que el miedo, si lo entiende todo sin preguntar, pero aun así pregunta para que puedas sacarlo de dentro…, si es así, guárdalo muy cerca, porque esos vínculos se sienten pocas veces en la vida.

Ah…, y recuerda: si da miedo, hazlo con miedo.

53

## Credo

Cada año, una deja de creer en algo. En los Reyes Magos, en el Ratoncito Pérez, en cumplir propósitos. Sin embargo, hay una edad en la que se vuelve a tener fe y nos sorprendemos creyendo en una suerte de magia, en que hay cosas que nos vienen grandes, en que a veces llegamos a entender a alguien más allá de lo que podemos explicar con la lógica.

Y, a mi edad, creo en la gente, en la familia (con la que naces y la que creas allí donde te asientas), creo en el poder de una canción para sanar cuando lo necesitamos y en que, cuando llueve, algunas cicatrices emocionales vuelven a doler. Creo en pensar triste de vez en cuando, porque la vida es un yin y un yang que se sostiene siempre que haya de lo uno y de lo otro. Creo en el trabajo duro y en divertirse duro también *(work hard, play hard)*, en no estar quieto, en no esperar a que vengan a buscarte ni el trabajo ni el amor ni los sueños. Creo en las carcajadas sonoras, aunque en mi boca suenen a gallina histérica. En los domingos en la cama, en las páginas de un libro recomendado por alguien a quien adoras, en cocinar para gente a la que quieres, en brindar una, dos, tres, veinte veces por lo mismo, en los abrazos en los que, da igual quién mire, duran lo que tienen que durar. Creo en mandar flores porque sí, en arrancar una de un jardín y dársela a alguien entre las páginas de un libro prestado; creo en los mensajes de «¿cómo estás?», en los de «te echo de menos» y los «me he acordado de ti». Creo en contar los días, en sentir que quema. Porque el amor no duele, pero si quieres mucho a veces te quema en las tripas.

Creo en planear, aunque no se cumpla nunca, y en imaginar, aunque se rompa la lógica en la cabeza. Creo en la soledad escogida y en el reencuentro. El reencuentro es casi una de las creencias más firmes que sostengo porque lo que quieres y dejas marchar casi siempre vuelve; lo que no quieres y se va hace que te reencuentres contigo misma, y lo que no puede ser y tiene que irse, quizá algún día vuelva mejor, más sano, más fuerte.

Creo en mí (a ratitos), creo en mirarme en el espejo y decirme que…, bueno, hay cientos de cosas que cambiaría, pero por dentro me abrazo. Y creo.

54

## Todas las cosas que me hacen feliz

Me gustan las canciones apoteósicas, sobre todo si tienen violines. Adoro tomarme un café solo con una rodaja de limón mientras me balanceo en la hamaca de la terraza de casa de mis padres. Escuchar a un abuelo hablar de sus nietos hace que se me salten las lágrimas, y, si lo veo recogerlos del cole, dame un pañuelo.

Me encantan los botines calentitos, los jerséis de cuello vuelto, las tardes en una cafetería, a poder ser si llueve mucho.

Del mes de diciembre me quedo con las visitas que espero en casa (mi hermana, mis amigas) más que con las Navidades, que no son santo de mi devoción.

Me encanta planear fiestas y cocinar y poner la mesa y escoger un disco e invitar a gente a cenar.

Me chiflan aquellos que son graciosos sin pretenderlo y las personas con hoyuelos; me da la sensación de que su cara los creó de tanto reír.

Admiro y amo a las personas auténticas, magnéticas, que no creen en la perfección y no aspiran a ella; «de mayor» quiero ser así.

Me pone la piel de gallina ver a la gente unirse en defensa de lo que cree justo y me emociona poder formar parte de algunas reivindicaciones, movimientos, fuerzas.

Hay cientos…, ¡no!, ¡miles! Hay miles de cosas que me gustan, enamoran, chiflan, que adoro y me encantan…, y ahora que la política anda tan mal, la gente en Twitter chorrea mala baba, mi papada está en plena expansión, las mujeres seguimos soportando muchas tonterías, el mundo rinde culto al cuerpo, los niños creen que deben ser perfectos, venden turrón de galleta salada… Ahora me parece más importante que nunca recordar todas las cosas que me hacen feliz y por las que vale la pena seguir peleando.

55

## Carta a una amiga

Querida amiga:

Sé que ahora no lo crees posible, pero un día dejará de doler. Lo que hoy te aprieta las tripas, mañana será un recuerdo amargo y, en un tiempo, solo una mueca. Es verdad, aunque moleste escucharlo, lo sé, pero lo que no mata siempre hace más fuerte. Aprenderás de esto, de ti, de tus límites, de lo que estás dispuesta a tolerar, de lo que no, de lo que te hace feliz. A veces saber «lo que no» es suficiente para que «lo que sí» sea más fácil de ver.

Sí, sé que duele, sé que confiaste, que te diste, que te abriste y usaron tus rincones para hacer nido y alimentar desde dentro tus miedos, tus inseguridades. Sí, sé que te has roto y que no encuentras los trozos ni las fuerzas para recomponerte, pero, créeme, lo harás. No hoy, no mañana, pero lo harás.

Ten paciencia, cuídate, ámate como no han sabido hacerlo y cuando sientas la tentación de culparte por lo que ha pasado, recuérdate que no, que no sucedió porque tú no fueras más alta, más bonita, más delgada, más simpática, más inteligente, más moderna; no tuvieron culpa tus pechos, tus muslos, tu perfil, tu risa, tu experiencia o tu inexperiencia. A veces la culpa no es de nadie, a veces te engañan, a veces las cosas no suceden porque es imposible que ocurran…, en ocasiones es tarde o demasiado pronto.

Querida amiga, lo superarás, te lo prometo. Dejará de ser como ese dolor en la boca que la lengua no puede dejar de recordar. No sentirás que te desangras cuando lloras, que te arrancarías el pecho cuando no entiendes, que ni las lágrimas funcionan ya. Se dormirá poco a poco, andará adormilado a tu lado, cada día estará un poco más vacío hasta que una mañana no despierte. El dolor.

Quisiste, y eso es maravilloso, aunque acabara mal o no acabara y se quedara truncado en el camino. ¿Por qué? Porque demuestra que pudiste, puedes, podrás volver a hacerlo.

Pasará, pero, mientras tanto, cuídate, mímate, rodéate de nosotros, los que te vemos como tú ahora no te sientes, porque, no te preocupes, volverás a encontrarte frente el espejo.

Pasará, pero, mientras tanto…, ven, quiero abrazarte.

Querida amiga…

56

## Carta a la niñez

Pequeña, no tengas prisa.

Sé que quieres ser mayor, sé que quieres que corra el tiempo, sé que quieres soñar a lo grande y que tus sueños salgan a la calle a buscar una vida de verdad.

Pero escucha…

Los años llegarán con un paso implacable que siempre lleva una única dirección. Y no vuelven. Y no se puede regresar atrás y ser niña de nuevo y vivir un millón de primeras veces que se esfuman y a las que no damos importancia hasta que crecemos.

Serás mayor. Serás mujer. Serás quien tú quieras ser.

No dejes que nadie manipule tu futuro. Nunca elijas una carrera porque alguien te dijo que se gana mucho dinero trabajando de ello. No permitas que nadie juzgue tu cuerpo, tu ropa, tu manera de reír, tus sueños.

Haz amigas y cuídalas. Aún no lo sabes, pero juntas sois mejor, más fuertes, más vuestras y… la vida es mucho más divertida.

Llora cuando necesites hacerlo, no regales tu tiempo a quien no debas y atiende: decir «No me apetece», «No quiero hacerlo», «Conmigo no contéis» no te hace menos guay, todo lo contrario.

Rinde culto a tu salud emocional y física. Respétate. Sobre todo… respétate, pequeña, aprende a hacerlo porque en ese «no» que dirás para ponerte en tu sitio, en la búsqueda de tu estilo y el de nadie más, en los buenos y sinceros amigos que hagas, en tus ratos de lectura, tus días de viaje y las canciones que te acompañen y hablen de ti, está la clave de quién serás cuando crezcas. Aprende, sé curiosa, siente, piensa.

Sí, lo sé. Quieres crecer ya, pero… paso a paso… Cada día subes un peldaño y construyes la escalera. No permitas que los años que estás viviendo ahora desaparezcan. No hay prisa. No hay manera de acelerar el tiempo… y lamentablemente tampoco de ralentizarlo.

Vive y vuela, pequeña, pero todo en su momento.

57

## Me quedo contigo

De las mañanas rescato los cinco minutos antes de levantarnos, cuando me abrazas tan fuerte e intentas decir algo, pero abandonas las palabras en una ronca vibración dentro de tu garganta. Deberías saber que siempre pienso «El mejor momento del día», pero nunca te lo digo.

De las noches, me encanta cómo me miras desde la cama cuando salgo del baño, con la cara lavada, en pijama, con el pelo recogido y en los labios una queja cariñosa porque el gato ha vuelto a atacar mi tarro de algodones. Me miras y sonríes y yo me pongo mis cremas y te digo lo importante que es hidratarse.

Cuando me miras soy. Porque me encuentro más yo en lo que me devuelven tus ojos que en el reflejo de un espejo que, al final, ¿qué muestra? Algo tan endeble que cambia cada día, que mañana no será como lo vimos hoy y que encierra en una dictadura a aquellos que se dejan engañar.

58

## Quizá el amor sea eso

Quizá el amor sea eso de hacerte fotos cuando no miras.

De pronto te descubres robando una instantánea de él mientras habla con unos desconocidos, andando de espaldas o durmiendo. Y atesoras esas fotos con avaricia. Y algunas noches te encuentras mirándolas como quien abraza a quien añora.

59

## Desayuno

Nunca desayunamos juntos. Tu recuerdo es sinónimo de mirar con envidia aquellas mesas para dos donde la noche no se diluía en un café solo y silencio. ¿Qué hubiéramos hecho tú y yo si hubiésemos desayunado juntos alguna vez? Quizá mirar nuestros móviles, queriendo escapar de la escena, que se acabase ya la maldita película. Quizá mirarnos con insistencia hasta que uno de los dos rompiera a reír.
En realidad, ahora entiendo que fue mejor que no lo hiciéramos nunca, que no compartiéramos café, pan y quizá un zumo, porque en la ausencia de recuerdos cabe cualquier posibilidad. Menos en nosotros, claro, que fuimos poco más que un alarde de cobardía frente a la idea de pasar la noche solos.

60

## Real, no perfecta

Que no se nos olvide jamás que nacimos para ser reales, no perfectas. No debemos responder a las expectativas de nadie. La vida no es un examen ni estamos aquí para hacer lo que los demás esperan de nosotros. Si te juzgan, no es tu sitio.

61

## Adiós

Era una historia cíclica que se mordía, ya no la cola, sino las tripas. Como si tuviéramos la habilidad de resucitar tantas veces como quisiéramos. Morir aplastados entre mordiscos, ganas y reproches, para terminar volviendo a la vida con una bocanada exagerada de aire y la memoria vacía.

Pero no había sangre ni vísceras ni muertes. Nosotros no moríamos. Nosotros nos despedíamos. Y, en cada despedida, moría un poco de nosotros.

Por el daño que pudimos hacernos, pero no nos hicimos, adiós. Por la inquina con la que nos apuñalamos con palabras cuando pudimos, adiós. Por el sabor de la saliva sobre la lengua y la tentación de convertirnos en adictos, adiós. Por las palabras atragantadas y los discursos sin convencimiento, adiós. Por los errores, los aciertos, las carcajadas, los sollozos, la soledad, mi mano entre tu pelo, las preguntas que nadie más te hacía, las respuestas que nunca recibía… Por las calles empapadas, empedradas, abarrotadas y las excusas para sentir tu aliento en mi nuca, tu estómago en mi espalda y tus dedos rozando los míos como por casualidad. Y con miedo.

Un ramillete de despedidas de las que siempre resucitábamos, aunque… «siempre» es una palabra curiosa que tiene el mismo tiempo de vida que lo que dura la esperanza. Y de esa ya no queda.

62

## Esfuerzos

Valgo el esfuerzo. El esfuerzo de hablar claro, de frente y con ovarios.

El esfuerzo de nunca ocupar un lugar en la vida de alguien con un rol que odie, que me haga sentir mal, que me obligue a ser quien no soy.

El esfuerzo de no mendigar cariño, caricias, amor, atenciones a quien solo quiere llenarse el buche de ego.

El esfuerzo de ser consciente de mis errores e intentar subsanarlos, premiar con humildad mis aciertos y abrazarme cuando las cosas no salgan bien, porque no puedo controlarlo todo.

El esfuerzo de decirme a mí misma, a quienes me quieren bien, a lo que es bueno para mi cuerpo, mente, alma…, piensen lo que piensen aquellos a los que tengo que decir no.

Sé que valgo todo ese esfuerzo.

Y tú también.

63

## Seguir a mi lado

Cuando uno se da cuenta de qué quiere es tarde para valorar si la balanza entre manías y bonanzas se equilibra. Ya es tarde para decidir si te enamorarías de alguien tan desordenado o caótico, porque todo está hecho.

¿Has pensado alguna vez qué tipo de viaje supone para alguien quererte?

Yo sí. Yo, que paso de estar en el más completo silencio, único espacio en el que me encuentro, a no callarme ni dormida. Yo, que tengo la parte alta de la puerta de la nevera llena de cosméticos que «prefiero fresquitos», que odio visceralmente que me interrumpan cuando estoy pensando, que soy un desastre, que tengo tendencia a dejarlo todo por en medio, que tropiezo con la nostalgia a menudo, que a veces quiero de más a quien me quiere de menos, que aún no sé gestionar la intensidad de las emociones, la cantidad de zapatos o pintalabios que «necesito», los «salgo a tomarme una y vuelvo» y las horas de sueño. Yo, que si quiero lo hago a saco, que si me agobias me encojo hasta desaparecer y que entiendo las relaciones humanas desde la única premisa de la independencia. Yo, que tengo manías, como todos, que puedo ser rara o muy mía. Yo, que sé lo que supone quererme, te doy las gracias. Después de tantos años, de tantos vaivenes, viajes y ratos muertos. Después de tanto…, te quedan ganas de seguir a mi lado.

64

## Intentarlo

Lo estoy intentando. Cada día, a cada hora. No siempre me sale. No siempre se ve el esfuerzo..., pero eso no significa que no exista. Lo estoy intentando.

Que no me afecten las presiones externas, que las opiniones sobre mi físico importen menos que lo amable que es de pronto conmigo alguien desconocido, que no me obsesione si tengo o no papada.

Convencerme de que puedo perder los kilos que me están haciendo polvo la rodilla derecha, empezar el próximo libro, gestionar las redes, ordenar mi casa, plantearme la próxima gira, cuidar de la salud de mis gatos, disfrutar de tiempo de calidad, ir dos veces a la semana a yoga y dos más a la piscina, ver a mis amigos a menudo y llevar las uñas siempre a punto, todo a la vez.

Lo intento. Estas y muchas cosas más, pero...

Se me olvida esa llamada de Skype que tanta ilusión me hacía, me duele escuchar cómo se juzga mi cuerpo como si yo no estuviera presente, mi salón parece el desembarco de Normandía, creo que he olvidado contestar un mail y no recuerdo cuál, hace días que no hablo en condiciones con mis padres, he llorado viendo un vídeo de unos bomberos salvando a un gato y la triste verdad es que, cuando termine mis tareas, ya tendré un pie en la cama.

Pero… a pesar de que sé que no tengo por qué alcanzar a hacerlo todo, que me he grabado a fuego en la cabeza que nací para buscar la felicidad, no la perfección, intento esforzarme al máximo. Y lo intento con dos ovarios, todos los días, como cada una de nosotras lo hacemos desde que nos levantamos. Porque una vez me dijeron que «bailar y cantar en ropa interior no me convertiría en Madonna» y, no, efectivamente no soy Madonna, pero el que lo intenta ya hace más por sí mismo que quien le critica por hacerlo.

65

## Ahí, bajo el abrigo

Busca ahí. Bajo el abrigo. Sortea también la barrera de tejido que supone el jersey y la ropa interior. Ahí. Pero un poco más profundo. Sigue buscando. Bajo la piel. En el flujo de sangre y en el sistema nervioso. En las tripas. En el alma si es que la hay y vive encerrada en el pecho. Es ahí donde vas a encontrar quién soy.

Soy más y menos que mi miedo a no ser nunca suficiente y más eficiente. Soy más y menos que la carne que se acumula sobre el hueso y puede hacer que me veas imperfecta. Soy más y menos que lo que unos y otros piensen de mí.

Si llegas ahí abajo, no al placer, sino a lo que soy, te lo daré todo. Soy así, no tengo medida. Te daré mis luces, te querré hasta que sientas cuánto mereces la pena, soñaré a tu lado mis fantasías y las tuyas, me reiré de todas tus bromas porque me harán gracia. No podré mirar a otro lado si estás aquí.

Te daré, lo siento, también mis sombras. Contestaré dolida un discurso inconexo con vaguedades y términos difusos cuando me hagas sentir insegura, te odiaré un par de segundos antes de irte si mis complejos me hacen ver que nunca seré suficiente y te echaré de menos inmediatamente después para castigarme por las cosas que no dije.

Somos imperfectos. Jodida y perfectamente imperfectos... sobre todo juntos.

Y, si ya llegaste hasta aquí dentro, si todo lo que te cuento no es novedad, cuídame mucho, como yo haré contigo, o vete para no volver si no te ves capaz de hacerlo. Todos merecemos la valentía de alguien. Si no es tu caso, apártate. Te echaré de menos. Te lloraré a ratos. Pensaré en ti. Sonreiré con los recuerdos. Los superaré. Levantaré cabeza. Seguiré mi vida. Te veré en la calle y, aunque no me salvaré del pellizco de quienes pudimos haber sido, estaré entera (y tú también), seré mejor (y tú también), dejaré de odiarme (y tú también) y habré aprendido el camino hacia mi propio interior que empieza ahí, sí, busca, bajo el abrigo...

66

## Sueños

¿Qué soñaste ser de mayor cuando aún eras una niña? ¿Dijiste alguna vez que pisarías la luna y dibujarías en su suelo tu huella? ¿Qué color tenían esos sueños? ¿Qué pensaría esa niña de la persona en quien te has convertido?

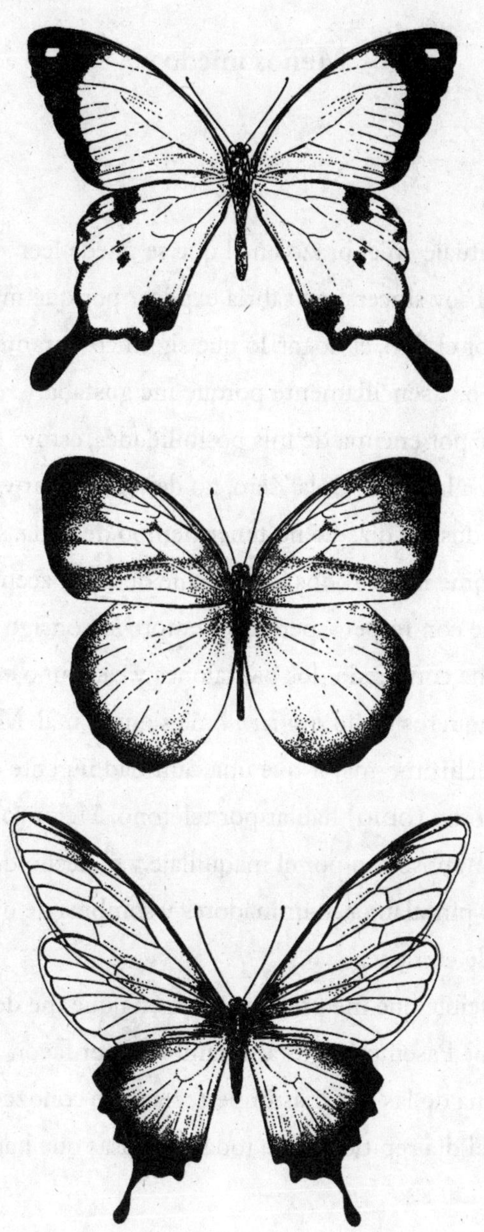

67

## Menos miedo

Tengo un tatuaje en el brazo en el que se puede leer «Viento de cara» y, si soy sincera, no sabría explicar por qué me lo hice..., si por el faro, el hogar, lo que significó durante años esa canción o... sencillamente porque me gustaba.

Bebo café por encima de mis posibilidades, estoy enganchada a la Coca-Cola Zero, no dejo de fumar y, aunque me quejo todos los días de no tener tiempo de nada, sigo organizándome fatal. Todos los días me obligo a aceptarme y a hablarme con respeto, pero no siempre lo consigo.

Hoy me he comprado dos pantalones y cada uno es de una talla. Los vaqueros estilo *boyfriend* me sientan mal. Mis gatos me caen muchísimo mejor que una cantidad ingente de humanos y odio (ODIO) hablar por teléfono. Mejor sobrevuelo el tema de mi obsesión por el maquillaje y el hecho de que el cajón de los pintalabios, iluminadores y sombras de ojos otra vez no puede cerrarse.

¿Y lo irascible que me pone una persona que me decepcionó en el pasado? Pasémoslo por alto también, por favor.

Sí. Soy una de las tías más imperfectas que conozco, pero si me paso el día repitiéndome todas las cosas que hago mal nunca me daré cuenta de aquellas que hago bien. Y esto nos pasa a todas.

Menos autoexigencia. Más carcajadas. Menos miedo. Más asumir riesgos. Menos lo que quieren que seamos. Más quiénes somos.

Ay, nena…, somos fuego.

68

## La única seguridad

La verdad es que no sé mucho. No sé si estoy equivocándome en un centenar de cosas, si esos vaqueros que cuelgan en la parte izquierda del armario abrocharán alguna vez, si tengo razón cuando me enfado. No estoy segura de dónde pasaré las vacaciones, si habrá playa o asfalto, si tendré un vestidor algún día, si me jubilaré junto al mar, pero en un lugar donde llueva y haga frío. Me quedan por cazar millones de certezas y tendré que hacerlo con una red invisible que se teje con los años y que no estoy segura de si arrastro con agujeros. Estoy a las puertas de algunos sueños y es probable que me quede allí, en el quicio; o quizá dé un paso adelante y lo que halle no sea lo que en realidad quise.

La única seguridad que tengo es que seguiré aprendiendo, cayéndome, descubriendo. Bueno, esa y tú. Solo tienes que fijarte en cómo te miro.

69

## Respirar

Que de tanto soñar nos crezcan alas. Que no sepamos querer si no es bien. Que el amor empiece por uno mismo. Que la libertad sea siempre quien escoja el destino de nuestra vida. Que aprendamos a llenar los pulmones y respirar.

70

## Dejar de esperar

Añoro la lluvia y esas canciones que aún significaban algo. Adoraba andar sorteando charcos, tirando de tu manga para que apuraras el paso. El café sabía más rico cuando llovía y yo hacía tiempo para verte.

Esperando, como esperan las agujas del reloj, como espera la desesperación para convertirse en calma.

Esperando, como cuando me ahogaba con la nariz hundida en el vello de tu pecho, invitando al oxígeno a entrar en mis pulmones.

Tú olías a ti, a perfume y a ropa olvidada al fondo del armario.

Yo, a vino, perfume y ganas.

Olíamos a cosas que ya están muertas, pero no lo saben.

Así que añoro la lluvia y esas canciones que aún significaban algo, pero ahora sale el sol, camino sin mojarme, me he reconciliado con la cerveza y ya ninguno espera. Ni la calma ni la tormenta ni los olores del pasado. Ahora ambos olemos a nuevo.

71

## Ejercicio de salud y vida plena

Adiós. Adiós si siempre me haces sentir insuficiente, tonta, accesoria, un «sin más». Adiós si apagas la música (y la sonrisa) cuando no se baila tu agua. Adiós al abismo profundo de tu ombligo. Adiós a quien cambia de amigos como de calcetines.

«Hasta siempre, que te vaya bonito» si nunca te importa cómo estoy, qué tal me va, cuáles son mis planes, si me siento sola.

«Hasta siempre, mi amor» si te importa más cómo te sientes tú y jamás piensas en cómo se siente el resto.

«Hasta siempre, cuídate».

Porque a veces se quiere mucho, pero no nos quieren bien.

72

## Aquella instantánea y mi vestido rojo

Perdí casi todas nuestras fotos y las que quedaron se me antojaron recuerdos lejanos de personas que creo que aún no éramos tú y yo. Me temo que el tiempo nos forjó a fuego.

Pensé, quizá esperando resguardarme de la nostalgia, que era mejor así, que las fotos son cárceles donde la memoria se atrofia, lugares oscuros y húmedos en los que lo único que uno va a encontrar son fantasmas. Sin embargo, nunca pude evitar echar de menos aquella instantánea, una que seguro que no recuerdas, pero a la que recurrí demasiado cuando no estabas. Yo llevaba un vestido rojo y los dos parecíamos felices. Recuerdo que aquella noche todo amenazó con torcerse un par de veces para volver finalmente al complicado *statu quo* que era ser nosotros. Aquella noche pensé, al menos una docena de veces, que valíamos la pena a pesar de todo.

Pero he de confesar que si echo en falta esa foto no es por ti, sino por lo mucho que me brillaban los ojos, por la tormenta que me azotaba el estómago con solo mirarte, por la sensación de estar llena, que siempre se iba contigo cuando te alejabas.

Esa foto sí fuimos nosotros y, aunque suene tonto, cuando te echo de menos me da por pensar que quizá una parte de aquellos dos tontos se fue con ella. ¿La recuerdas?

## 73

# Sentir en cinemascope

En tiempos de estrategias me declaro nula. No sé jugar al póquer ni tengo idea de cuánto se tiene que tardar en contestar un wasap. Lo hago enseguida, excepto si estoy agobiada y me cabalga el corazón a más revoluciones de las debidas (porque me he pasado de café o porque el mundo de pronto gira demasiado deprisa para mí); si me olvido de hacerlo, no es por malicia, sino porque no sé qué decir, porque tengo dos neuronas y suelen estar a la gresca o porque preferiría darte un abrazo.

Odio hablar por teléfono, pero echo de menos el crepitar de las viejas líneas, como si susurrases junto al fuego en la chimenea. Los teléfonos me recuerdan a casa, a los abuelos, a mamá, a papá. Tengo tantas anécdotas de aquellos años en los que aún nos contaban cuentos, con los márgenes ya amarillentos... Si me sirves un vermú, algún día te las cuento.

Y me da por pensar si este gusto por lo de antes, esta desazón por los trenes de lo moderno (que parecen pasar de largo), si el deseo de que me escribas una carta y me cuentes todo lo que cuesta pronunciar o que se ponga de moda bailar agarrados otra vez... no serán evidencias de que me quedé obsoleta de pecho para adentro y solo sé sentir en antiguo, vintage, cinemascope. Si no me quedé en una película en blanco y negro, de esas que otros rodaron mucho antes de que yo naciera.

## 74

# La vida siempre sigue

Y de repente vuelven a mi cabeza todas las vidas en las que nos imaginé, las posibilidades que fueron quedando obsoletas, todas aquellas cosas que no hicimos y no haremos; las versiones de nosotros mismos que hemos jugado a ser y que terminaron rompiéndose de tanto tirar. Pero quizá eso es lo divertido, ¿no? Que nos rompimos, nos romperemos, probaremos suerte y volveremos a empezar. En otras pieles, bajo otros dedos, resonando en carcajadas provocadas por otras sonrisas. La vida sigue. Siempre sigue.

75

## Lección aprendida

Y cada vez que pensaba en ti, leía. Leía por eso de que leyendo dejamos nuestra vida y cogemos prestada otra. Leía y, si seguía pensando en ti, volvía atrás y releía. Lo hice sin decírselo a nadie, sin presumir de los títulos que consumía con glotonería, como el fumador no alardea de la mancha amarillenta entre sus dedos. Me había lanzado de lleno a un vicio que me vaciara de ti.

Fue un año más leído que vivido y con cada punto y final creí haberte olvidado un poco. Leía y leía, con la esperanza de asumir otras pieles y que la tuya se perdiera entre tanta otra gente, pero no terminabas de marcharte. Como la mancha que emborronas de tanto frotar, que penetra en el tejido, que nunca se va.

Fue entonces cuando aprendí a escribir, sin saber hacerlo; y aprendí en un impulso, desde las vísceras, como si un movimiento telúrico me empujara a ello. En cada letra supuré veneno, quejas y ensueños. El día que me quedé vacía entendí que, con la caligrafía colérica, con aporrear las teclas, con lo que queda de nosotros en las páginas… exorcizamos la pena, la angustia, el rencor por lo creído y no cumplido. Pocas veces se escribe sobre lo que nos hace felices porque, quizá, solo quizá, tecleamos sobre aquello de lo que necesitamos aprender.

76

# Ítaca

Me gustan las personas que dicen «No estoy de acuerdo» casi tanto como odio la condescendencia. Me encantan los abrazos lentos, sobre todo cuando no tengo miedo de ensuciar de maquillaje el hombro del otro.

Adoro reírme de algo que me avergüenza y que, al nombrarlos en voz alta, los fantasmas se evaporen.

Me pasaría la vida comprando libros, música en vinilo, pintalabios y zapatos. Ni lo uno me hace sentir superior ni lo otro superficial. Porque los libros, los vinilos, los pintalabios y los zapatos me hacen feliz.

Acumulo cachivaches de dudosa o nula utilidad, más allá de recordar. Recordar es quizá uno de esos verbos que se conjuga con los sentidos, de ahí que necesite oler, ojear, saborear, escuchar y tocar lo vivido. Amontono en el mueble del salón cientos de objetos que lo atestiguan. Y ahí, entre un caos de colores y de sinsentidos más allá de lo emocional, un faro. Mi faro. Para que, vaya donde vaya, siempre pueda encontrar el camino de vuelta a casa.

77

## Rutinas perezosas

Esos cinco minutos antes de que suene el despertador…, esos, cuando encajas tu cuerpo detrás del mío y somos más uno que dos: una respiración, un abrazo, las mismas ganas de quedarnos todo el día en la cama durmiendo, comiendo, jodiendo, una taza de café…, repetir.

Los desayunos perezosos, con mis pies en tu regazo, un disco sonando, tus auriculares devolviendo el sonido de un pódcast y el deslizar de las páginas de mi libro, del que pronto tienes celos. Los sacias mordiéndome el hombro, invitándome a devolverte el bocado. Y yo lo devuelvo con sabor a café, deslizando los dientes en tu labio suave.

Los días, barajando las rutinas, moviéndonos, danzando entre personas, mensajes y palabras.

Los días, festivos o no, hambrientos, soñando con comer más mundo.

Los días y tú. Qué gran plan. Qué gran vida.

## 78

### Ay, mamá

Ay, mami.

Tengo más de treinta años y sigo pensando en mamá cuando me encuentro mal, cuando tengo una pesadilla, cuando necesito un abrazo.

Discutimos constantemente, casi siempre entre risas, porque nos parecemos tantísimo que es como intentar juntar dos imanes por el mismo polo. Pero qué risa, cuánto de ti hay en mí.

Me enseñaste a leer en casa, como a mi hermana; me enseñaste a coser, cocinar, ser ordenada… Lo siento por lo último, nunca fue mi fuerte. También me dijiste desde bien pequeña que debía ser independiente, sacarme el carnet de conducir, aprender a cambiar una rueda, buscar un trabajo que me encantase, viajar allá donde quisiese. Tengo grabada a fuego esa frase que repites en valenciano y que tantas alas nos ha dado para soñar: «Si quieres ser alcalde, solo tenlo en la cabeza». Porque siempre nos dijiste que seríamos quienes quisiéramos ser.

He buscado durante años un collar como el que perdiste en vuestra luna de miel y sigo comprando cualquiera que se le parezca, porque ambos me enseñasteis también el valor de los recuerdos y de aquello que vivimos.

Nos lo has dado todo; nos has dado miles de cosas, mami, en las que siempre priorizaste el juego, el abrazo, la independencia, las cosquillas, el arrumaco, los «perla», la familia y el amor. Gracias por tanto.

79

## Economía emocional

Saber soltar como concepto vital. Para saber ser feliz, para no aferrarse a las cosas, para entender la libertad.

Porque un cajón lleno de recuerdos nunca logrará reconstruir las sensaciones de los momentos que evocan.

Porque lo que fue fue, y, si ya no es, intentar agarrarlo con los dientes, clavar las uñas en la memoria e izar la bandera del «aquí estuve yo» es perder algo que no se recupera jamás: tiempo.

El amor perdido, la amistad deshilachada, los sueños que no alcanzamos, la nostalgia de los lugares que fueron más nuestros que nuestra propia piel, ese vestido preferido que hace años que no abrocha... La vida es una especie de armario, ¿sabes? Si acumulas y acumulas sin miramiento, agarrado a lo antiguo y polvoriento, terminas por no encontrarte a ti mismo y lo nuevo no tiene espacio. Todo es caos.

Este fin de semana aprendí algo muy prosaico: si compro una prenda de ropa, algo de mi armario debe salir para siempre. Es una chorrada, lo sé, pero me dio por pensar que la economía emocional es la ciencia menos impartida y... no quiero encontrar un día, por casualidad, una emoción, un sueño, una motivación... que no recordaba haber tenido porque cientos de lastres la sepultaban.

80

## Un país propio

Cuando la lengua materna es la piel, las sábanas desordenadas no claman al cielo por tanto caos, porque todo cobra sentido. El olor sobre la almohada, las virutas de carcajadas como migas que cosquillean, cada arruga de la tela bajo el cuerpo.

Levantaría un reino sobre la cama y viviría en él impartiendo justicia a mordiscos y lengüetazos, trabajando en tus costillas. La ley dictaría la anarquía si de impostura y compostura se tratase y sería hogar de conversaciones de mesita de noche, con luz tenue, donde el uniforme no sería más que desnudez. Sería un reino feliz, yo su reina y tú su rey y, como moneda, la piel.

Cuando la lengua materna es la piel, las sábanas desordenadas son frontera de nuestro país.

81

## No somos únicos

Hay libros que llevan recuerdos a cuestas, que recitan amores antiguos, bromas de hermanas, que saben a chocolate caliente con pan y huelen a sábados lluviosos. Hay libros que, redondeando letras aquí y allá, tienen tu nombre y el mío.
Y qué reconfortante es entender que nuestra historia no es única y que con nosotros no morirán las sensaciones.

82

## Madera bajo tus pies

A veces crujo por dentro,
como una escalera vieja bajo los pasos de alguien…
… como una casa en la noche,
contrayendo y expandiendo su esqueleto.
A veces crujo por dentro
y tengo miedo de romperme.

## 83

# Todo lo que eres

A ti, que peleaste contra ti misma durante tanto tiempo que la lucha se hizo callo.

A ti, que sentiste que la piel te escocía de tanto frotarla buscando calor.

A ti, que escuchabas a tu cabeza repetir que nunca nada sería suficiente.

A ti, que sentías la cadena de las expectativas externas tirar de tus entrañas.

A ti…, perdónate en el espejo, haz las paces con la niña que fuiste y a la que le prometiste tantas cosas imposibles. Acarícíate, cuídate, abrázate. Todos merecemos nuestro propio respeto.

Sean como sean tus ojos, tus muslos, tu piel, tus dientes, tu culo, tus tetas, tus brazos, tus labios…, porque eres mucho más que materia. Eres un suspiro en el cuello de esa persona a la que abrazas tan fuerte que duele. Eres una carcajada contenida en la garganta. Eres la mirada que lo dice todo sin necesidad de aclarar nada. Eres un apretón de hombro cuando alguien siente peso sobre su espalda. Eres las mariposas en el estómago,

los amores imposibles, los sueños, los vuelos, los besos,
la piel como idioma, el jadeo contenido y la respiración
entrecortada. Eres, que no es poco. Que es más.
Que es.

## 84

### Un cuentito

Érase una vez una niña agazapada en el interior de una mujer y las dos sonreían con los ojos.

## 85

### La cura definitiva

Hace muchísimos años, cuando aún era una adolescente, me enamoré de un chico. Madre mía, cómo me gustaba. Nuestros encuentros se convertían en una lucha encarnizada de miradas. Buscábamos vencer en un juego de poder: ganaba aquel que más nervioso pusiera al otro. Me faltaba experiencia para saber que hay personas que, hasta cuando pierden, se aseguran de no ser los únicos en caer.

Nunca he sido una chica delgada. De las más altas de la clase. De las más grandes de la clase. Sin embargo, a pesar de unos cuantos berrinches tontos por algún intercambio de insultos infantiles, nunca me importó demasiado. Hasta él. Porque el hecho de que alguien que te gusta tanto te diga que la culpable de que lo vuestro sea imposible eres tú, por no tener la fuerza de voluntad para cerrar la boca…, es duro. Y tú, que aún no eres adulta, no sabes cómo encajar el golpe, cómo entender el juicio, cómo mandar a tomar por culo con la boca bien grande. Y te haces pequeña.

Durante muchos años arrastré una bolsa cargada de piedras que llamé de muchas maneras, pero que siempre tenían como centro de gravedad mis complejos. Los míos son por exceso, pero entiendo que haya quien los tenga por lo contrario.

Una piensa que, a medida que va ya cumpliendo años, dejará por el camino las piedras, que pesan demasiado para cargarlas cuando trabajas por ser feliz, pero las hacemos tan nuestras que terminan siendo piel y cargándote con la «culpa» de no ser todo lo perfecta que pudieras. Cualquier logro es un «sí, bueno, pero…» y crees que los fracasos siempre se deben a lo mismo.

Error.

Porque la vida es solo una. Porque los días no vuelven. Porque necesitas la energía para ti y para levantarte. Porque la perfección no existe. Porque no estás en el mundo para cumplir con las expectativas de nadie. Porque nadie conoce tus heridas más que tú. Porque nadie más puede curarlas.

Así que, bueno, una aprende a estas alturas que nunca deja de pelear consigo misma, con aquello que le hizo daño en el pasado y con la asfixia de lo que los demás esperan.

Supongo que la edad no trae consigo una cura definitiva para ciertas cosas, pero existe la posibilidad de esconderse de un mundo que puede ir demasiado deprisa.

## 86

# Palabras al azar

Llegas con los zapatos en la mano, despeinada. Te miras en el cristal del ascensor y… «¡Dios! ¿Desde cuándo tengo estas ojeras?». Pero no importa. Ha sido un buen día. Uno agradable. Uno que ahuyenta la sensación de pérdida que anida en el pecho con cada kilómetro que dejas atrás, volviendo a casa desde la que fue tu casa.

Te tumbas, desmaquillada ya, con las cremas puestas, y sonríes al pensar en que ya está, te has hecho mayor. «Pero con ojos de niña», dicen tus padres.

Intentas dejar la mente en blanco, pero siempre pasa que se pone en marcha la película y piensas.

Una palabra. Otra. Al azar.

Canción. Algodón. Pintalabios. Agua. Camisa. Chasquido. Placer. Cosquilleo. Especial.

Y te duermes pensando en la cantidad de historias que esconden un puñado de palabras.

Canción. Algodón. Pintalabios. Agua. Camisa. Chasquido. Placer. Cosquilleo. Especial.

¿Y si mañana las junto, les añado unos lazos, les doy boca con la que hablar y que os cuenten, breves y cómplices, una historia cualquiera?

87

## El azar de las palabras

Aquella canción había preparado el terreno durante horas, sonando incluso apagada, solo en aquella parte del cerebro que había colonizado hace meses la idea de tenerte. De modo que, imagino, no fue extraño que pensase en ella cuando llegamos a la habitación. Es curioso…, no recuerdo haberte desnudado. Ni siquiera recuerdo haberme desnudado yo. Llevaba semanas pensando en ese momento…, en deslizar las yemas de mis dedos sobre el algodón de tu camisa, fino y suave, sobre el vello de tu pecho. Y… un botón, otro, otro más… hasta que pudiera hundir los dientes bajo tu clavícula. Pero todo pasó en un tornado de segundos. Probablemente ni siquiera acaricié la tela antes de que esta cayera al suelo con el resto de nuestra falsa piel.

De mi pintalabios quedaba un vago recuerdo solo evocado en algunos pliegues que, no obstante, fui perdiendo entre mordiscos y besos, gruñidos y ganas.

Tenía tanta sed…, recuerdo haber vaciado un par de botellas de agua con avidez. Mi estómago sonaba acuático cuando nos movíamos sobre la cama.

Me preocupaban muchas cosas, como si la sombra de los animales que reinaban entre las sábanas en aquel instante pudiese deslizarse por debajo de la puerta y reinar a sus anchas en un espacio en el que no la controlásemos. Que el chasquido del cuerpo a cuerpo dejara marcas en una piel casi nívea. Que el placer me engañara. Que el cosquilleo creciera hasta regalarte un trono que no sabía que existía en mi pecho.

Me preocupé de las cuestiones equivocadas, claro, como siempre que planeamos un deseo. En realidad, debería haberme preocupado de la sensación de rodar en el colchón, a carcajadas, hasta alcanzar tu pecho; de la intimidad de hundir la nariz allí en tu piel y olerte hasta el alma; de las ganas de decirte «Esto…, esto es especial».

88

## Encontrar la postura

La sola mención del *Kamasutra* nos da risa. Aunque ninguno abra la boca y dibuje una carcajada, lo veo, lo sé.
Solo necesitas un sutil levantamiento de cejas para que lo comprenda. Es así con todo. Te conozco, abierto en canal, hasta cuando más te cierras. Pero las sonrisas son otra cuestión, como tu olor, como el tacto del vello de tu pecho bajo las yemas de mis dedos, como la intimidad que hicimos nuestra y guardamos bajo la lengua…, esa que sabe dulce si decimos nuestro nombre.

La sola mención del *Kamasutra* nos da risa. Sí. Nosotros, que creemos haber alcanzado la maestría de la caricia en el rincón del otro que guarda una explosión, nos reímos con los ojos cuando escuchamos hazañas en posturas imposibles.
No por mojigatería; sabemos morder, lamer, gemir y disfrutar el estallido de la piel con la piel. No por creernos por encima de la curiosidad sexual de otros cuerpos; asumimos que nunca sabemos suficiente y que existe algo mágico en aprender.
No por estupidez o inmadurez. No. Si nos reímos, es porque la sola mención del *Kamasutra* para nosotros solo evoca la imagen de mi cuerpo en busca de la postura en la que

amar mejor un libro. Y qué promiscua, qué apasionada, qué hambrienta e imaginativa.

Un libro, tú y yo. Y la cama. ¿Por qué iba a necesitar algo más un domingo?

89

## Olvidarte

Tú no lo sabes, pero te llevé a muchos sitios conmigo. Te llevé a ver el mar. Recogí piedras para ti. Repartí un poco de lo que me diste en cada café, en cada canción.

Los paisajes me tragaban a mí y te sacaban a ti hasta la superficie de mi piel, hasta que los labios tiraban para sonreír al escuchar tu nombre, por más que quise no hacerlo.

Quizá lo imaginas, pero también te lloré. No todo lo hicimos bonito. Y fíjate que no digo «bien», digo «bonito», porque entre el bien y el mal, tú y yo no dimos una. Anduvimos entre tropiezos y nos sentimos orgullosos de las pocas veces que fuimos en línea recta, como si no importase que lo hiciéramos a regañadientes.

No tengo derecho a decir que tu verdad es mentira, pero los años me enseñaron que las palabras solo son sonidos que los actos deben respaldar. Y tú dices «no» y me llamas suplicante con los brazos abiertos para volver a negar con la cabeza cuando soy yo la que cede al impulso de necesitarte. Y lo peor es que probablemente ni siquiera te das cuenta.

No me atrevería a decir que nos queremos. Sé qué es el amor, y esto no lo es. Pero tú y yo nos hemos enamorado de esta historia inacabada, de este no poder, de sufrir, de la distancia autoimpuesta, porque alguien nos hizo creer que el amor bonito es el difícil.

Te echo de menos. Te echo de menos como nunca me había planteado que podía añorarse. Y llevo días pensando en lo difícil que es definir lo que te duele cuando te duele la distancia. El vacío en el pecho, el peso en el estómago, la piel gruesa a la que no le llegan ni las caricias, la dificultad al respirar porque no te huelo. ¿Qué coño estoy haciendo? Intentar olvidarte. A sabiendas de que no podré porque no quiero. Aún no quiero.

90

## La lujuria de escribir

Escribir, qué curioso ejercicio de exorcismo. Te buscas, rebuscas, encuentras y en ocasiones entierras de nuevo lo hallado porque no gusta, asusta o aún debe madurar.

Escribes y escribes. Trazas letras que nunca llegas a escribir. Algunas las prendes a tu ropa, aunque invisibles. Otras desaparecen bajo el calor de las yemas de tus dedos, cuando las dibujas en su espalda, justo antes de morderle el cuello.

Palabras compartidas en silencio mientras arqueas la espalda. Susurros escritos en el jadeo. Vocales que salpican y consonantes contenidas, como el gruñido previo a la explosión.

Escribir, qué curiosa forma de hacer el amor.

91

## La calma del tiempo

El tiempo,
que cura,
que arrastra.
El tiempo,
como un alud que te borrará del camino.
Me abro el pecho,
así,
con mis uñas y mis dedos.
Te muestro su interior y después espero,
porque vendrá el tiempo
y donde hay sangre, vísceras y recuerdos,
pronto solo habrá tierra.
Y calma.

92

## Suficiente

Porque tus rarezas son tesoros y tus puntos flacos solo una forma de ser humana.

Porque nunca creíste que soñar es una pérdida de tiempo.

Porque te permitiste saber cuándo cesar en el empeño.

Porque te dijeron mil y una veces cómo debías ser, comportarte, responder, vivir, vestir, sentir, follar y cuidar a los demás, pero tú aprendiste a hacerlo a tu manera.

Porque no eres perfecta, pero que le den por culo al mundo que quiera imponerte ese imposible.

Porque siempre serás suficiente. Porque eres tuya.

Siempre, pequeña, serás suficiente.

Y, por eso, quiérete. Hoy, mañana, ayer.

93

## Merecido

Te mereces cosas bonitas, si por cosas bonitas entiendes lo que queda atrás cuando la materia se destruye. No hablo de una casa, unos zapatos, un coche brillante. Mereces cosas bonitas como unas vacaciones con una puesta de sol que lo tiña todo de rosa y una cerveza que te congele la yema de los dedos.

Te mereces un amigo que entienda tu forma de ver el mundo, de ser, de sentir, de mirar…, y no quiera cambiarte. Te mereces un amor que no sea de película porque no mereces la pasión a saltos, el corazón vacío y que luego rebosa, los labios secos o cansados.

Te mereces saber descansar, decir que no, descubrir dónde está tu felicidad y dónde no, qué proyectos valen la pena, cuáles valdrán un precio demasiado alto.

Te mereces una vida sin sobresaltos, más que un susto tras una puerta que se salde con un grito, carreras, carcajadas y «te he pillado».

Te mereces ser feliz y, sobre todo, te mereces a ti.

## 94

### Creer en el amor

Siempre me pasa cuando empiezo una novela: me da por teorizar sobre el amor. En mi cabeza, bien dentro, agarrada a las conexiones neuronales, crece la idea de que quizá todas las historias de amor son lo mismo si las reduces a lo mínimo, a su esquema, pero todas son la más bonita y especial del mundo. No sé si me explico. Todos nos enamoramos. En ocasiones ha funcionado, otras no. A todos nos han roto el corazón. Todos lo hemos superado. Y hemos vuelto a amar. Y aunque el amor es amor y toda historia de dos pasa casi siempre por las mismas estaciones, para cada uno de nosotros, la historia es única, preciosa, mágica.

El concepto del amor está vivo. Se mueve, respira, huele y sabe. A veces cabe en una cama con la respiración agitada; otras, en la minúscula fracción de segundo en la que dos personas se miran y lo entienden todo.

Será que me he dado cuenta de que todos queremos más de lo que parece. Será que he aprendido a querer bien a mucha gente. Será que tengo fe en conseguir un día hacerlo también conmigo y bajo mi piel.

Serán muchas cosas, pero hoy me quedo con esta sensación.

Dijo Jean-Paul Sartre que «nada ha cambiado y sin embargo todo existe de otra manera»..., y hoy le creo a pies juntillas.

95

## Fundido a blanco

Tenías una cana en la sien.
Una. Única. Sola.
La vi, pero no dije nada,
como si en silencio pudiera convertirla en algo.
Esperanza,
un cabo al que asirme,
la prueba irrefutable de que el tiempo pasa
y tú con él.

96

## El credo de otros

No somos conscientes de la cantidad de ocasiones en las que hacemos algo por y para los demás, disfrazándolo de manera inconsciente de idea propia. Dejamos de hacer o decir cosas porque creemos que alguien lo desaprobará; abandonamos prendas en el armario porque una persona dijo que no nos quedaban bien; nos alejamos de algo que amábamos porque en ese instante estaba mal visto, mal considerado, no era popular.

Un día empezó a ser más guay desaprobar algunos estilos de música que admitir la verdad, porque… ¿qué iban a pensar de ti si decías que te gustaba cantarlo a gritos en el coche? Y del mismo modo nos dijeron «Mejor no te pongas biquini, los bañadores te recogen más», que no es elegante reír a carcajadas o que la naturalidad a veces sobra. Y cuando nos dimos cuenta de la persona que quisimos ser, auténtica y fiel a sí misma, solo quedaba un eco bajo la ropa que alguien dijo que nos sentaba bien.

Y ellos, los que se llenan la boca de insultos, que se esconden en el anonimato para escupir rabia, que siguen lo establecido…, no son mejores; probablemente carecen de curiosidad y se creyeron todo lo que les dijeron tal y como se lo dijeron. Pongámonos en duda de vez en cuando; es supersano.

Tengo tantas fobias adquiridas que en ocasiones soy incapaz de ser yo misma. No eran mis ideas hasta que me las creí, y... no es justo. Así que hoy me abrazo y me prometo cuidar más de mí y menos de un discurso que nada tiene que ver conmigo. Y a quien no le guste..., tengo un par de frases poco elegantes con las que indicarle el camino de vuelta.

Si para que alguien nos quiera tenemos que cambiar..., no nos quieren. Así de sencillo. No lo olvidemos.

## 97

# A medias

Últimamente me cuesta un poco más que de costumbre sentarme a escribir post para Instagram. No es desencanto ni pereza, es más bien que mis ideas viajan en una franja horaria equivocada. En plena ensoñación el paladar me cosquillea palabras por decir y en el pecho hacen nido versos desvergonzados, reproches tejidos en vocales y consonantes y reflexiones. Anoche pensé un texto sobre que todos los veranos de mi vida podrían condensarse en un puñado de sabores y olores, pero hoy al despertarme la idea se había ido difuminando hasta casi no existir.

Tengo a medias un poema sobre el hogar que somos para alguna gente, que siempre termina volviendo a casa, aunque tenga que rompernos las ventanas para hacerlo.

Tengo a medias un post sobre lo mucho que añoro abrir las cortinas y descubrir que diluvia y que el cielo está oscuro en pleno día.

Tengo a medias tantas cosas que no puedo evitar pensar que, a lo mejor, sí es un poco de pereza. O desencanto, ¿quién sabe?

98

## Sobre todo suya

Gata. Gata en los tejados, viendo salir el sol, somnolienta y en silencio. Amiga de lo libre, de la noche, del exceso.

De las que huye de dar explicaciones por vivir su vida, que ama a rabiar sin tener dueño, a la que el mundo le gusta más desde las alturas de unos tacones… o descalza.

Capaz de maullar hoy y olvidarlo mañana, colgada de los amores gatos y los callejones de Malasaña. Gata de sentir su piel como su única casa, aunque a veces, cuando llueve, el pelaje pese demasiado.

Gata, por decir algo.

Suya. De eso estoy segura.

99

## Me encontrarás

Te pierdes con las luces que te ciegan.
No busco el rastro
ni tus pasos en baldosas amarillas.
Sé que volverás a casa
porque yo soy tu hogar.

100

## Hermanas de lucha

«Tienes canas», «Menuda pinta llevas», «Estás gorda», «Eres una ridícula», «Pareces un hombre», «Qué tonta eres», «Has cogido peso», «Te estás quedando calva», «¿Quién te crees que eres?», «Fea», «Deberías ponerte a dieta», «Deberías hacer deporte», «Pesetera»…

Bonito, ¿eh? Pues esta es solo una pequeña muestra de mensajes que he ido recibiendo en redes en lo que llevamos de año. Gente que no me conoce. Gente que considera que es mejor escupir sobre otros su veneno a preguntarse por qué están tan enfadados, por qué odian tanto a los demás.

Ya sé que muchas personas piensan que por el mero hecho de tener un perfil público en redes debo asumir estos mensajes, pero… ¿sabéis lo que más me apena de estos? No es el odio ni la hostilidad de personas a las que no les he hecho nada y que si no quieren verme lo tienen tan fácil como dejar de seguirme. Lo que más me duele es que la totalidad de esos mensajes provienen de perfiles femeninos. Y me niego a pensar que nos hacemos tanto daño de manera gratuita.

Ahora que paramos el país cada 8M para que se nos oiga, ahora que lucimos orgullosas el estandarte feminista, ahora que parece que conseguimos cosas..., no podemos repetir un patrón que solo añade más peso a los hombros de las mujeres, un patrón que imposibilita que nos movamos como colectivo por el bien de todas; un patrón que perpetúa, además, ideales superficiales que nos reducen a un mero objeto de admiración (o animadversión) por nuestra apariencia.

No nos hagamos esto. No solo porque detrás de cada perfil hay una persona de carne y hueso, con sentimientos, problemas, fantasmas y heridas. No lo hagamos por nosotras mismas, por no debilitarnos, por no envenenarnos.

Además..., déjame compartir contigo un secreto: decirle a alguien que es fea no va a mejorar tu día ni tu vida, te lo prometo.

## 101

### Amiga

Entiendo la amistad, casi desde niña, como una de las formas más puras de amor. Me han roto alguna que otra vez el corazón, pero con los años he aprendido a dejarlo suelto, que vuele y me guíe, con sus aciertos y sus equivocaciones. Lo que se hace desde el pecho casi siempre responde a una necesidad.

La que te sujeta el pelo mientras vomitas, esté o no en la pista de baile el chico que le gusta. Por la que te partirías la cara con cualquiera en una riña callejera, aunque no tenga razón y después se la tengas que partir a ella. Aquella por la que no pasa el tiempo y cuyas llamadas, tan raras como oportunas, son como cuando pasabais las tardes comiendo pipas. Esa que vive a horas de avión, pero a la que siempre acudes a contarle las cosas. La que te llama y te dice «No llores más», aunque nadie se lo haya dicho. La que es como tu hermana y a la que estrangularías de vez en cuando. La que te llena la copa y te cuenta un drama del primer mundo que empieza, se desarrolla o termina con una ristra de wasaps. Esa que te pregunta si la acompañas al baño porque tiene un cotilleo que compartir. La que te pide que le envíes un

mensaje cuando llegues a casa. La que metes en un taxi muerta de risa, hasta arriba de vino blanco y con más sueño que vergüenza. La que te dice «No más chupitos por hoy» o te esconde el móvil cuando vas a escribirle. Por la que dejarías tirado a Harry Styles si te llamase con algún problema.
A ella. A todas ellas. Gracias.

Pocas palabras hay más bonitas que «amiga».

102

## La última noche del mundo

¿Qué harías si esta fuera tu última noche en el mundo? ¿Qué canción bailarías cuando todo ardiera?

¿Qué escribirías, dirías, harías? ¿Qué secretos soltarías para que corrieran libres? ¿Qué emociones decidirías que no merecen seguir atadas? ¿A quién querrías decir qué?

Si alguna vez tuviste dudas, escucha tus respuestas a estas preguntas y… mueve. Mueve tú ahora. Porque, cariño, somos polvo de estrellas y a ellas volveremos.

103

## El peso de lo que digo

En «Te echo de menos»
caben tantos mundos como recuerdos.
Cabe la nostalgia de lo que ya no es,
cabe el miedo al notar que ha cambiado
y la alegría de saber que solo perturba por viejo
lo que antes ardía dentro.

En «Te quiero»
se esconden tantas mentiras como verdades,
tantos sueños como realidades,
tantas personas
como todas aquellas que asesinamos
al decidir qué no ser,
a quién amar,
qué es mejor olvidar.

En «Yo también»
(cuando encaja,
cuando eres agua,
cuando una canción basta,

pero finjo no escuchar),
se agazapan todas esas cosas
que ya no.
O que sí, pero no igual.
Que no importan.

En «Tú»,
cuando es tu boca la que lo pronuncia
y mis ojos los que te escuchan,
nunca encuentro el sentido
ni el sabor concreto que paladeas
al pronunciar mi nombre.

En «Ti»,
cuando hablas
y no hay nada más en el mundo,
cuando me tocas,
cuando nos alcanzan las llamas,
caben cien vidas
y todas las viviría contigo.

104

## Todas tus vidas

Como cuando alguien habla de quién será,
de en quién está dispuesto a convertirse
y ya andas en el trecho
de saber más por viejo
que por sensato.
Porque basta un parpadeo para ver
las cien posibles vidas que te esperan.
La vida de camisa bien planchada
y niños de uniforme.
La de botella de vino y libro en la mano,
al débil amparo de una lámpara del Rastro,
vieja, polvorienta y desgastada,
comprada más por moda que por necesidad.
La vida del piso en Malasaña,
o la del ático en Argüelles;
la casita de la playa,
la mochila a cuestas.
La vida de las discusiones a gritos
y los besos con dientes
o quizá la de los abrazos ancianos

que dan sentido a las palabras
que escribiste de crío.
Lo que imaginaste y no llegó;
la real, que fue mejor.
La que te sorprendió por la espalda,
la que te apuñaló mientras besabas,
la que viste venir y te dio igual,
la que no tuviste la valentía de vivir…
¿Has pensado dónde van esas vidas que no vivimos?
¿Quiénes seremos en los recuerdos que no tuvimos?

**105**

## Ciudad de adopción

Querido Madrid:

Creo que te amo. Perdona por pisarte siempre con tanta prisa.

Perdona por todo lo que dije de ti antes de que me acogieras.

Perdona por no soportar los callos. Me siguen pareciendo nauseabundos.

Para compensar, convencí durante estos años a muchas personas de tus virtudes. Muchas de mis amigas, que también tenían sus reparos contigo, ya te aman. Incluso papá hizo las paces con tus calles, tus prisas y tus olores.

Dibujé muchos mapas sobre ti y sobre cada paseo tracé unas líneas, llenas de recuerdos, con un color por persona. Con un color por compañero de correrías.

Le cogí el gusto al vermú, aprecié la parte castiza del Rastro, me enamoré profundamente de tu atardecer, de los adoquines que te recubren, de la historia que te atraviesa como tu espina dorsal.

Fui tantas veces al Prado que he perdido la cuenta. Y al Thyssen. Y aun así debí ir cien veces más.

Me fui de tardeo y terminé comiéndome un bocadillo de calamares en la plaza Mayor, entre cientos de turistas… Hice hogar en tus calles. Veneré tus noches y tus mañanas. Aprendí tus palabras y tus leyendas. Escribí (y escribiré) historias de amor entre tus calles…

… y nunca podré agradecerte que me acogieras así.

Gracias, Madrid. A Valencia la amo, pero a ti también.

106

## Conjúgame

Que para ti no exista más letra que la mía;
yo la amante en «Jolene»,
yo la «Puta» de Extremoduro,
yo el «Mediterráneo» de tus canciones de Serrat.
Que no haya más «Lady Madrid» que yo,
más princesa que el reflejo del espejo empañado
donde me retoco el rojo de los labios.
Cántame, aunque desafines.
Busca himnos de distancia y olvido
y átanos con ellos la cintura,
para no olvidarnos nunca.

Hazme en canciones,
busca la frase que rime conmigo
y cada estrofa que hable del disparo y la herida,
del mordisco y la saliva,
de quienes fuimos
o de lo que nunca seremos.

Hazme en palabras,
constrúyeme poro a poro con historias,
con vocales y consonantes,
que repten como tus dedos por mi espalda.
Conjúgame en verbos,
(cantar,
probar,
reír,
brindar,
llover,
gritar,
hablar,
bailar,
follar,
jugar,
susurrar…)
que te guste ver a mis labios pronunciar.

Hazme en recuerdos,
de entonces,
de ahora,
del mañana que podemos tener.
Invéntate cuentos en los que no haya lobo
ni final feliz,
que todo gire en torno nuestro,

y no imagines la vejez si no es a mi lado.
Haz del tiempo
un invento relativo,
un viaje de ida y vuelta,
con estación siempre en mí.

Bébeme a sorbos,
brinda conmigo.
Convierte mis besos,
horas,
contradicciones y fallos
en copas de vino.
Que mis venas sean bloody marys
y tu lengua mezcal.
Cómeme, como palomitas,
que cuando des el primer mordisco
estés perdido.

Pierde la cabeza,
dame la razón;
que la vida valga la pena
solo por vivirla
como lo hacemos nosotros.

107

## Bendito desastre

«Lo has hecho mal. Muy mal. La has vuelto a cagar. No haces nada a derechas. Eres débil. Qué desastre».

¿Cuántas veces te has dicho en las últimas dos semanas algo así? Yo confieso que constantemente.

Llevaba toda la tarde muy agobiada; día horriblemente poco productivo y ruido en la cabeza. Sin embargo, en un momento, mientras tecleaba el título de una canción de mi más tierna adolescencia, he vuelto a entonces. A esos días. A la sensación genuina de que nada salía como debía y yo nunca resultaba ser suficiente.

Fíjate. Por aquel entonces deseaba que el tiempo pasase muy rápido para ser adulta y ser quien yo quisiera ser, libre y segura de mí misma. Hablando en público sin titubear, sintiéndome guapa con un vestido ajustado y dejando de compararme con las demás. He conseguido algunas de las cosas que esa «yo» en versión púber soñaba, pero otras tantas siguen ahí, en el limbo, esperando que desarrolle unas alas que no tengo o alcance un nivel de amor propio que aún me es ajeno.

Quizá suene a tontería, pero esa canción me ha hecho pensar que le debo aún muchos sueños y sensaciones a esa niña de catorce que ya se siente mayor, y es hora de que empiece a pagar la deuda.

Mira, Elísabet. Esta serás tú a los treinta y cinco años. Llevarás el pelo de color sirena, los labios casi siempre bien rojos y te pondrás lo que te salga del higo. Y… ¿ves esa sonrisa que casi no lo es? Es la seguridad de que la cagarás todos los días, pero aún sabes pasarlo muy bien.

108

## Tempestad

Hoy leí que no todo hace ruido al romperse; hay cosas que se desploman en el más absoluto silencio.

Y me puse a pensar…

… que a veces los domingos pesan en el estómago, que son despedidas o la muestra de que el tiempo se esfuma con una rapidez aplastante.

… que hay personas que son alma y que suturan heridas y otras que no caben en tu vida por más que te empeñes.

… que hay batallas que es mejor perder.

… que hay que cuidar lo importante.

… que hay que aprender a perdonarse a uno mismo.

… que la tristeza a veces es necesaria

y que, si no la sientes en domingo, no hay mejor día para acunarla.

Como el mar. Nuestro pecho es como el mar y está lleno de tempestades.

109

## La maldición del cursor parpadeante

Hay días buenos. Hay días malos.

En los días buenos los dedos vuelan sobre el teclado. Escribes cinco, siete, doce páginas y te vas a la cama satisfecha porque todo va encajando.

Hay días malos en los que te preguntas constantemente si lo que estás haciendo va en la dirección adecuada, si no habrás invertido demasiado tiempo en las fases previas y habrás escrito la historia demasiado tarde. Te preguntas si sigues conservando eso que dio vida a cada personaje anterior, si serás capaz de dar alma a estos sin repetirte, si en realidad sabes hacer lo que estás intentando.

Hay días buenos y días malos, pero, sin los unos, los otros no existirían. Las dos caras de la misma moneda. La pasión que lo enturbia todo con miedo, porque… si amas algo mucho, muchísimo, siempre terminas teniendo miedo.

Hay días y días, pero cuando escucho a mi editora decirme «Calma, está todo en tu cabeza», los astros se alinean y lo que era caos ahora es campo de trabajo.

Hay tantos momentos, personas, emociones, vida, miedos, canciones… detrás de cada página, en cada libro nuevo…, que la vida, durante unos meses, se limita y detiene en un cursor parpadeante.

## 110

### La nostalgia de la felicidad

Siempre he sido una persona tendente a la nostalgia. Me abraza y no puedo desprenderme de ella. Dice mi mejor amiga que es cosa de nuestro signo del zodiaco, que los cáncer somos muy de estas cosas.

No sé si será cuestión cósmica o coincidencia, pero, además, le sumo la extraña reacción de ponerme un poco triste cuando estoy feliz. Parece imposible, ¿no? Dos términos antagónicos relacionados entre sí, en un brindis ilógico, pero sucede. Me paso todo el día sobre una especie de montaña rusa emocional, sobre todo cuando estoy escribiendo, inmersa en un proyecto; cuando, además, vivo una jornada emocionante; cuando me dan buenas noticias, me abrazan, me dicen cosas bonitas; cuando todo marcha mejor de lo que nunca pude ni siquiera soñar…

Entonces, llego a casa, me siento y… me sobreviene una tristeza extraña, mezcla de una sensación que solo podría definir como la de estar sobrepasada. A mí sentir me agota y ese agotamiento, feliz y completo, trae también de la mano la nostalgia. Quién sabe si por los que no están, los abrazos que faltan, el futuro cuando todo esto se esfume o porque mi mejor amiga tiene razón y esto es muy de nuestro signo del zodiaco.

Hoy ha sido un día tremendamente feliz, pero me he acordado de esta frase de Coco Chanel: «Si estás triste, ponte más pintalabios y ataca». Mira que soy rara.

## 111

### Carta a todo lo que dolió

Me pude caer, hundirme… y lo hice. Caí y me hundí y en el momento en el que casi no quedaba nada, me levanté. Hecha una mierda, sucia y débil, pero con la voluntad de salir. Creí que no lo lograría, pero lo hice porque lo mejor de caer es que, cuando te levantas, tienes las agallas de quien fuiste antes y de quien eres ahora. Porque, al caer, aprendes. Y yo aprendí.

Aprendí que hay refranes que no son sabios porque quien bien te quiere en realidad no te hará llorar, lo que escuece no cura y eso de «a mucho amor, mucho dolor» señala un amor que yo no quiero. Ni por cosas ni por amigos ni por propósitos ni por cariños.

Y me levanté casi sin esperarlo. Reponerme me llevó tiempo y tropezones, pero lo mejor de hacerlo despacio y con buena letra es que, cuando se cierran las heridas, cuando los huesos sueldan y se secan las lágrimas, lo hacen de verdad.

Me dolieron cosas que no conseguí, la frustración, no verme capaz, alguna persona y hasta los recuerdos. Pero aprendí que el exceso de autoexigencia tiene un precio que ni quiero ni merezco pagar, que puedo fallar, que asumir lo aprendido no siempre es un proceso rápido. Aprendí a soltar lo que me hacía daño, se entendiera o no, porque al final la caridad bien entendida empieza por uno mismo. Y yo me tengo que querer mejor.

Sé que volveré a caerme. Espero, al menos, no hacerlo sobre viejas cicatrices, pero caeré. Y en esa seguridad en realidad existe esperanza…, la de que no perdí las ganas, que no me helé del todo, que no me cerré y, sobre todo, que no me venció el miedo.

Me pude caer y lo hice, pero… mírame, ya estoy de pie.

P. D. Para ti, que me lees ahora mismo con pena porque te han hecho daño. Todo pasa, te lo prometo.

112

## Cada domingo, un fin de año

En un mundo que gira tan rápido, cada domingo es el nuevo 31 de diciembre. No tomamos uvas con cada campanada de las doce ni vestimos de gala, pero sí nos abrazamos y nos besamos al refugio, eso sí, de las mantas, el pijama y el sofá.

Y si digo que cada domingo es un fin de era es porque al meternos en la cama tendemos a hacer una lista mental de todas las cosas que haremos mejor a partir del lunes: «Mañana me pongo a dieta», «Tengo que ser más firme con el gimnasio», «Dos litros de agua al día, por favor», «Dejo de fumar», «Me pongo las pilas», «Retomo equis». Anoche me descubrí haciendo una lista mental de todo lo que debía mejorar esta semana y, al final, llegué a la firme convicción de que hoy, el año que viene, en mi próximo cumpleaños…, mi propósito será desaprender.

Desaprender malos hábitos. Desaprender la expresión «No puedo» porque, si no quiero, no quiero y si quiero, puedo. (Abstenerse sueños irreales). Desaprender los límites de mi cuerpo para alcanzar otros. Desaprender distancias para estrechar lazos. Desaprender obligaciones impuestas que no quiero cumplir. Desaprender prejuicios y juicios.

Desaprender errores y volverlos a cometer si hace falta. Desaprenderme a mí para no tener que cumplir con lo que ya pienso sobre mí misma. Y construirlo todo de nuevo. Los discursos, los recuerdos, las imágenes, los cariños, los besos, los sueños, las historias que leí, los retos que abandoné. Desaprender como medida de derribo para que, donde hubo peso, haya cielo y todo un horizonte por descubrir.

¿Me acompañáis?

113

## Lo más normal es sentirse raro

«Eres rara», te dices delante del espejo. Has estado ojeando alguna revista y en ninguna de las fotos te has sentido representada. No eres la chica de la portada, mirando desafiante el objetivo con la boca entreabierta. Tampoco ninguna de las protagonistas de las entrevistas. Quizá tienes mucho más en común con ellas de lo que crees, pero tu sensación hoy es que eres rara. Todo el mundo parece tener unas vidas tan «normales». Quizá pienses que también son mucho más perfectas que tú. Solo hay que ver sus fotos, ¿no? Ahí fuera el mundo es rosa, se descorchan botellas de champán y se ríe mucho.

Y tú eres rara. Porque te gustan los cementerios o porque escuchas una música que no le gusta a nadie. A lo mejor es porque no te sientes a gusto con la gente o porque te gusta todo el mundo. Vete tú a saber. Quizá te avergüenzan tus costillas o los huesos de la espalda, que se marcan en la ropa. Quizá te acompleje que al sentarte se formen varios pliegues sobre la cinturilla de tus vaqueros o que en Zara no te abroche ningún pantalón. Y te sientes rara, ¿verdad?

Pero ¿sabes una cosa? Todo el mundo lo es. Lo normal no es más que una máscara social bajo la que se esconde cierto adoctrinamiento borrego. ¿Qué es lo normal? A juzgar por la experiencia, creo que lo único normal es sentirse raro.

En el mundo real, la perfección no existe. Es solo una trampa. Es solo un holograma verosímil que te hará desear cosas y consumirlas. Ahí fuera se llora, se ríe, se brinda, se descorchan botellas, se cometen errores, se grita, se aborrece, se baila, se folla, se muerde, se odia, se olvida, se es feliz e infeliz…, y no pasa nada. Que no te engañen las redes. Aquí todos somos raros. Estás en familia.

114

## Conchas vacías

Hay trenes que no esperan,
tiempos verbales ajustados
que carecen de sentido
cuando nadie los recita
en el momento justo.

Hay vidas que pudieron ser,
pero no fueron
y en el olvido crecen
junto a quienes casi las vivimos,
acumulando conchas vacías en los bolsillos.

115

## Amor propio

Te quiero.
Más que a ver llover desde la ventana.
Más que a los lugares verdes, muy verdes.
Más que a una tarde de café y vinilos viejos.
Más que a bailar en la cocina.
Te quiero.
Más que a mi vestido de plumeti.
Más que a dos días libres y un libro.
Más que a una mañana en la cama…
… y más que al Satisfyer.
Más que a las pelis de Tim Burton
y que a *La gata sobre el tejado de zinc.*
Te quiero.
Más que a mover los pies descalzos sobre las sábanas frías.
Más que a un día de compras
y más que a las ostras con cava.
Más que al papel pintado de colores.
Más que a la ropa negra
y que a los zapatos de tacón.
Te quiero.

Más que a un masaje de dos horas,
un baño caliente,
un orgasmo,
una noche de vino y palomitas de maíz,
la trufa,
las historias de fantasmas,
una partida de cartas en una noche de verano,
pollo asado los domingos,
los gatos,
la purpurina,
el camino de vuelta a casa.
Te quiero y te lo digo poco.
Te quiero y te prometo que, a partir de ahora, te lo diré más,
frente al espejo, donde puedas verme.

116

## Hacer girar el mundo

Sobrevalorado. Hay tantos gestos y rutinas sobrevaloradas. Como ir siempre bien peinada o que no se noten las raíces del cabello que crece ya de otro color. Como llevar siempre lo último, ir a la moda, lucir tal o cual prenda. Sobrevalorado, como pasar de puntillas por la vida para que nadie pueda poner tu nombre en su boca y juzgarte, descubrir que no eres perfecta.

Pero van cobrando importancia las carcajadas con la boca abierta, mancharse las manos comiendo alitas de pollo, saltar por las aceras como cuando teníamos ocho años.

Parece que cogen peso los besos y los abrazos, los «tienes algo entre los dientes» a carcajadas, los «se me caen las velas» mientras pides un pañuelo o los «hemos venido a jugar» cuando todo es una locura, pero nadie quiere frenarlo.

No pierdo la fe en que la vida deje de ser un espejo en el que intentamos demostrar que somos perfectos. Y se empiece a decir «perdón» en lugar de «es que», «gracias» en lugar de «pero» y «te quiero» en lugar de «adiós». Vamos a darle la vuelta al mundo y que gire en la dirección opuesta. Un pequeño gesto valdrá la pena, una sonrisa a un desconocido en el metro, callarte ese comentario impertinente que no suma y resta mucho, no juzgar y menos a gente a la que no conocemos, no dar por hecho, no vomitar frustración y buscar, al contrario, algo que nos haga más felices y anule la amargura. ¿Has dicho hoy algo bueno a alguien? Un «me gustan tus zapatos», «qué sonrisa tan bonita», «hoy brillas», «cantas muy bien», «te echo de menos», «eres el mejor haciendo esto»...

Aún estás a tiempo. Callarse los halagos más sinceros también está sobrevalorado.

117

## La obsesión

La idea, que se convierte en un insecto con un aguijón tan grande que se hunde hasta las entrañas. Porque cuando aparece el germen de la idea, estoy perdida. La obsesión la alimenta hasta que no cabe nada más en mi cabeza, en mis tripas, en mi pecho.

Me obsesiono con rapidez. En ocasiones diluyo rauda el efecto reventando la burbuja de golpe cuando necesito concentrarme en otra cosa prioritaria; otras, la idea se va desdibujando por los márgenes hasta que no recuerdo haber sentido su llamada jamás. Sin embargo, la mayor parte de las veces, me empecino.

La obsesión no es solamente la forma en la que he aprendido a trabajar, es también una condena anecdótica que suele teñir todos los aspectos de mi vida. Porque cuando me gusta un pintalabios, solo llevaré ese color; cuando quiero algo, me torturará en sueños y no pararé hasta conseguirlo. Me obsesiono con amor con tantas cosas que, en días como hoy, es casi imposible hacer de la madeja de ideas algo que no sea un nudo.

Hoy es día de obsesiones; mañana, ya veremos.

118

## Ser deseante

Eres y por lo tanto sientes. Sientes el viento, el frío; sudas y tu piel se enrojece. Necesitas alimentarte y beber para que tu cuerpo viva. Y, de la misma manera, porque eres, porque sientes, deseas.

Y, cuando deseas, te sientes vivo. Y aunque ya has aprendido a abrazar esa hambre y sabes saciarla…, nadie te enseñó, pequeña, a desearte a ti misma. Nadie te recordó lo importante que es que te mires al espejo y te desees. Que aprendas a acariciarte, a satisfacerte, a enamorarte de tus rincones y respetes la piel que te cubre. Porque eres un ser sexual, sensual, independientemente de que otros te deseen. Que seas o no objeto de deseo no determina tu sensualidad. Te deseas tú. Existes. Gozas.

Compra ese camisón tan bonito y sedúcete. Como ese momento en el que deslizas unas medias por tus muslos. Como ese instante en el que el viento te aparta el pelo, te ves reflejada en un escaparate y piensas «Adoro este pintalabios». Siéntete poderosa, deseada, respetada porque cuando nace de dentro, de manera inevitable, aprendes a discernir cuándo alguien te desea bien.

119

## Ciudad natal

Querida Valencia:

Regreso a Madrid. Vuelvo con la seguridad de que este no ha sido un viaje más.

No quiero que te pongas celosa, pero en el fondo no puedo evitar sentir que ahora mismo estoy de camino a casa. Sé que tú lo fuiste durante mucho tiempo, pero una de las cosas más importantes que me han enseñado los años es que para ser feliz uno tiene que ser agua.

Ayer me lo recordaba mi hermana mientras compartíamos un refresco en la cocina. Porque el agua fluye y siempre encuentra el camino por el que seguir su rumbo. Y tiene fuerza. Y a veces es mansa. Y puede estancarse, pero no pasa nada. Siempre termina fluyendo.

Por eso puede que Madrid sea mi casa, pero tú siempre serás mi parte agua. Y a todo lo que dejo a las orillas del Mediterráneo, en tu regazo, como ciudad madre que siento que fuiste, eres y serás, me lo llevo en parte conmigo, en la piel, como el sabor a mar de tu agua.

Me voy, Valencia. Regreso a casa. Pero no me gusta este trayecto; quizá es que uno puede pertenecer a más lugares de los que cree y yo ahora me acuerdo de esa canción que dice «Solo odias el camino cuando añoras tu hogar».

## 120

### Breve cuento sobre tu olor

Aquella brizna de viento trajo tu perfume y, en un microsegundo, pasaste de no existir, porque te habías perdido en una espiral de tiempo de las que traga y no escupe, a llenar el restaurante. En dos segundos pasaste de no estar a ser la maldita estancia al completo. El salón, tu estómago; yo, de nuevo, parte de tu digestión, alimento para tu ego.

Recordé entonces que estuvimos sentados a la mesa del fondo, junto a la escalera, hace apenas un millón de años. Aquella noche tú estabas insoportable y yo muerta de miedo y pena. Temí, al despedirnos, que se hiciera real mi deseo de olvidarte. Porque contigo, como con tu olor, el café, la cerveza o el verano, la línea que separaba la devoción, la necesidad y el odio dibujaba un triángulo demasiado estrecho para los dos.

Duró…, no sé, ¿quince, veinte segundos? Tu olor dibujó círculos concéntricos a mi alrededor trayendo lo bueno, lo malo, lo peor, la locura y la desesperación encallada bajo las uñas, como prueba de que al menos me resistí cuanto pude. Y, cuando se fue, te fuiste también. Tú, lo bueno, lo malo, lo peor, el sexo, la desesperación, las malas decisiones, las pésimas condiciones, las doscientas vidas que no tuvimos, lo que tú soñaste ser a mi lado, lo que yo pensé que sentiríamos los domingos por la mañana, leyendo en el balcón…, todo.

Todo desapareció cuando el olor del café despejó el aire y se llevó tu aroma. Y tú, de nuevo, dejaste de existir.

121

# Añorar

En mayúsculas porque, cuando se añora, se hace a lo grande. Con el vacío en el pecho, con la respiración suspendida, con esa sensación de que es posible que estés ya un punto más loca.

Es un verbo bello, aunque su significado no lo sea. Acarrea demasiado peso como para que esas erres suaves descarguen tristeza del resultado de sus seis letras. «Añorar», que no es lo mismo que «echar de menos».

Se puede echar de menos muchas cosas; añorar solo las grandes. Los veranos eternos de la niñez, el perfume en la piel de alguien a quien quieres con avaricia, la sensación de inmortalidad del invierno más húmedo y salvaje de tu vida, alguien diciendo «Yo también» o una canción. No cualquier canción, claro. Una. En concreto. Y esa sensación no desaparece por más que suene porque cuando añoras una canción, en realidad a quien añoras es a quien la trajo a tu vida, junto a quien la cantaste aquella noche, quien te la envió un día, porque sí.

Añorar, como se añoran esas cosas que nunca se han tenido.

Supongo que madurar es aprender a hacerlo sin perder parte de ti en el proceso. Asumir que hay quien entra para salir, que hay que dejar ir a lo vivido, que el pasado no siempre fue mejor, por más hermoso que parezca en los recuerdos.

Supongo, también, que el problema de añorar es que pocas veces termina en un «por favor, vuelve», sino en obsesión u olvido.

122

## Que te quieran bonito

Quiérete, eso está claro, pero que te quieran también y que te quieran bonito. Que haga sentir que tus palabras valen, que tienes algo que decir. Que esos defectos que te enloquecen cuando te miras en el espejo no existan en sus ojos, pero que, si quieres cambiar algo en ti, encuentres su apoyo. Que sepa cómo despertar tu risa…, y lo haga. Porque, si te quiere, te hace reír.

Que te diga «No, estás equivocada». Y que no pase nada cuando te equivoques. Que te abrace. Que sepa decir «Te quiero», «Te echo de menos», «Qué bonita eres», «Tienes un moco», «Contigo al fin del mundo» o «Calla ya, leche»… Que no te use para sentirse bien; que no te regale piropos envenenados. Que si brillas te espolvoree purpurina para que se te vea más, que nunca intente apagarte. Que de andar contigo no busque solo el calor de tu abrigo. Que se acuerde de ti cuando viaja, aunque no viaje contigo. Que sepa lo que no debe mencionar porque te rompe. Que sepa cómo tratar tu herida. Que te respete. Que siempre se ría contigo, nunca de ti. Que no alimente tus locuras, pero las sobrelleve con paciencia (como tú las suyas, por supuesto) y que, si se te antoja una sopa japonesa en pleno agosto, busque el mejor ramen de la ciudad. Que no permita que en tus días no suene música. Que quiera descubrir mundo a tu lado. Que nunca te haga sentir que tu cuerpo es un problema. Que sepa entonar el *mea culpa*. Que asuma cuando te hizo daño…, y no lo vuelva a hacer.

Que se cumpla, sea cual sea el tipo de amor, el respeto, las ganas, la empatía y la pasión.

Quiérete, claro, lo suficiente como para no mantener a tu lado a quien no te quiere bien.

123

## En otras bocas

Volví a intentarlo. Le puse ganas y creo que, en algunas cosas, lo hice mejor. Escogí con cuidado, preocupándome, sobre todo, de que esta vez fuera yo quien elegía.

Así que lo intenté como lo hacen los valientes, lanzándome de cabeza y a lo grande. Quizá es así como lo logran los inconscientes, pero lo cierto es que yo me sentí valiente. Después de todo, estaba volviendo a arriesgarme. Porque sí, por mí.

Lo intenté y, ¿sabes?, ya nada fue igual. Yo había cambiado. Ya no me reía con vergüenza, no me enfadaba con pasión, no creía morirme en otra boca. La desnudez dejó de hablar un idioma extraño que yo chapurreaba con timidez y desaprendí la palabra «intimidad» con la misma naturalidad con la que la aprendí contigo. Pero no me hacía falta.

Supongo que en cada paso que di en dirección opuesta a ti aprendí, crecí y maduré. Aprendí que, si te das, terminas rota; crecí y dejé de encontrarle la gracia a esos planes que nunca cumpliríamos; maduré y asumí que querer a veces (la mayoría de las veces) no es suficiente.

Lo intenté y ya nada fue igual. Yo había cambiado. De pronto sabía a lo que te referías cuando decías «jugar» y se me daba bien. No perdía la paciencia. No me podían las ganas. No sufría ni lloraba ni me sentía desnuda cuando él me miraba. No me preguntaba cómo sería el mañana, no sentía magia cuando me tocaba en la oscuridad de un portal, no me acariciaba los labios de camino a casa, sonriendo, como lo hice cuando tú me besaste en aquel piano bar.

Lo intenté y me demostré que podía y eso, bueno, al menos me llevó a hacer las paces con la parte de mi autoestima que te tragaste. Sin embargo, también averigüé que contigo, a pesar de ser peor, desordenado, sin lógica, a ratos demasiado intenso, a ratos demasiada piel, a ratos demasiada cerveza y vino y nada de cena y «mira qué hora es, coge ese taxi, yo espero al siguiente»... contigo fue, que es más de lo que podré decir con otros.

124

# Domingo

De los domingos en pijama, desayunando a la hora de comer, salvo la sensación de pereza, la decepción del último «el lunes empiezo» que se queda flotando en un mar de autocomplacencia, la radio sonando, la suave aspereza de las páginas de un libro bajo la yema de los dedos…

Los domingos son días de series, de lectura, de vermú para los más atrevidos, de sexo perezoso antes de (o después o durante) la obligada siesta.

Días de hacer piececitos en el sofá. De elegir una peli de asesinos en serie en Netflix. Días de ducharse a la hora que te plazca. O no hacerlo y revolcarse en el hecho de oler a amor.

Días de paseos, *brunch* y museos para algunos. Domingos de cañas en La Latina o de cine en pequeñas salas. Hoy, para mí, jornada de placentero descanso y mimos que rozan el onanismo.

Perreo de domingo, vaya. Y tan a gusto.

125

## Carta a quien proceda

Querido cosmos:

Dicen que contra el vicio de pedir está la buena virtud de no dar, pero ahora que empieza el año, entre propósitos y promesas, me ha apetecido romper con lo establecido y pedir. Pedir a lo grande.

Pido un año emocionante, con proyectos que den mucho miedo para emprenderlos con terror y saldarlos con una sonrisa de satisfacción. Pido tardes de terraceo y unos espetos frente al mar. Pido cientos de wasaps de los que empiezan por «me acordé de ti» o «voy a hacerte una oferta que no podrás rechazar». Pido jornadas de esas en las que mi ángel de la guarda se lleve las manos a la cabeza y, sobre todo, sobrevivir a las locuras.

Pido pisar aeropuertos, muchos, a poder ser. Pido también cerrar garitos, de los que tienen dueños majetes que te cantan «Las Mañanitas» al bajar la cortina mientras les juras que no aguantas más mezcal. Pido no perder ninguna maleta y encontrar, a poder ser, las bailarinas negras que perdí en la mudanza. Pido mejillones al vapor y vino blanco a cholón.

Pido carcajadas de gallina, de las que no me puedo callar y que me abroche ese vestido que tanto me gusta. Pido domingos de manta y Netflix, canciones que me arranquen un llanto desesperado, volver a sentir el martillazo del síndrome de Stendhal en pleno pecho, más películas de Timothée Chalamet, sexo a manos llenas, aguantar diez horas en tacones y resacas de esas en las que no pierdes la dignidad. Pido que no me falte mi gente. Pido muchas fiestas de las bonitas y poco estiradas. Pido salud. Pido ganas…, más ganas aún. Pido que nunca se me olvide dar las gracias.

Por pedir…, ¿no?

126

## Tus manos

Inevitable, como pensar en la muerte de vez en cuando, como pasear la lengua sobre la llaga que te hace rabiar, como relamerse después de un beso. Inevitable tener que apartar los ojos de esas manos que recuerdo tan bien que casi las siento sobre la piel.

Tus nudillos entre mis dientes mientras muerdo despacio, con inquina, solo para poder acariciarlos después con los labios húmedos y que te retuerzas con un gruñido. Tus manos ásperas, de falanges toscas. Tus manos, grandes y masculinas. Tus manos y el vello de tu antebrazo, que intenta alcanzarlas.

Qué promesa, tus manos. Qué promesa de placer contenido, de caricias nocturnas, de roces sutiles, de atenciones brutales, de apretar el nudo que, un día, unió nuestros dedos.

No te pares. Pero dame tu mano. Sabré qué hacer con ella, lo prometo.

127

## El efecto Maldivas

Creo que nunca he visitado un lugar del que no me quede con nada…, incluso de esas ciudades que no me gustan (quien me conoce bien sabe de mi enemistad con Los Ángeles, por ejemplo) guardo un trocito para mí. Un rincón. Una sensación. Un olor. Un recuerdo.

Con Maldivas es diferente. Es como el amor…, como el primero o el más apasionado de tu vida; es difícilmente explicable. Creo que por eso estoy enamorada de este lugar, porque hay cientos de detalles que se resisten a caber en una palabra.

Es un paraíso. Sí. Nadar en sus aguas cristalinas, rodeada de peces de colores, es una experiencia increíble. También. Es el lugar donde más he descansado en mi vida. Por supuesto. Pero…

Pero no puedo transmitiros el silencio. Es un tipo de silencio muy concreto…, una calma mecida por el mar, una nana de la naturaleza que te arrulla para que salga de tu pecho lo que verdaderamente importa.

Tampoco puedo plasmar fielmente su oscuridad. Una oscuridad total, densa, opaca, en la que te guían unos ojos que se acostumbran muy pronto a ver brillar las estrellas y en la que atisbar la Vía Láctea no es ninguna locura.

Y la sensación de aislamiento…, de estar solo en el mundo, lejos de casa, en mitad de un universo que se parece tan poco a tu hogar…, pero del que es tan fácil sentirse parte…

Si alguna vez tenéis la oportunidad de venir, traed en la maleta la seguridad de que, entre tanto silencio, en la negrura, solos, encontraréis verdades que habitan en lo más hondo de vosotros mismos.

128

## Siempre más

Yo nunca quise una casa con jardín. Yo quería una terraza abierta a la parte más frondosa de un vergel, donde colgaran lianas, se escucharan rugidos lejanos y todo brillara bajo una luz azul. Me bañaría todos los días a oscuras y escucharía la música que no se pudiese crear ni destruir, que ya estuviese ahí antes que nosotros.

Yo nunca quise amaneceres preciosos, atardeceres naranjas, un piso orientado hacia donde siempre diera el sol. Yo quería moverme a oscuras y descalza, más por intuición que guiada por los ojos. Quería acariciar las cosas para saber qué eran y después amarlas, porque es imposible no amar lo que uno acaricia con cuidado.

Yo no quería nada perfecto. Lo quería todo decadente y desbordado, excéntrico, loco y sin sentido. Viajes exprés para cenar en París y desayunar en mi casa. Libros cuyas páginas desearas arrancar y tragar para hacer tuyas. Zapatos de tacón alto, de los que dolieran horrores y te hiciesen sentir más fuerte que nada en el mundo.

Yo quería el exceso. Y lo sigo queriendo.

## 129

### Salgamos mejores, por favor

Hace diez días no tenía ni idea de la vida. Hace diez días no sabía que el abrazo era un lujo, que tendría que añorar saltar por las calles empedradas con mis amigos, que se iban a terminar las cenas en mi casa, las firmas, los cafés en una cafetería acogedora, salir a comprar libros o escoger un buen vino en la bodega que queda a dos calles de la mía. No sabía cuánto iba a echar de menos toquetearle el pelo a mis amigos, que ese «nos vemos la semana que viene y nos tomamos un café» iba a ser ciencia ficción, que el olor a palomitas de maíz que sube por el hueco del ascensor hasta mi despacho sería uno de esos recuerdos que tranquilizan y que deseas que vuelvan cuanto antes. No sabía que el trabajo podía esperar, pero ir a ver a mi familia no.

Hoy, que he asumido que esto va para largo, todas estas cosas han venido a avisarme de que, cuando todo esto acabe, algo tiene que cambiar irremediablemente en nuestra vida.

Me decía un amigo hace media hora que el ser humano ha venido al mundo a ser feliz y a aprender…, y eso pienso hacer cuando pueda salir: querer a manos llenas, en exceso, con sus pros y con sus contras. Destrozarme el pecho con carcajadas, barrerlo todo de un plumazo y buscar aquello que me hace SENTIR. En mayúsculas.

Vamos a sacar algo bueno de toda esta mierda, por favor.

## 130

## Día «equis» de confinamiento

No quiero seguir tachando días del calendario porque ya he comprobado que no surte efecto. A mí, personalmente, esta táctica no me funciona. Me siento un preso con mal pronóstico para su libertad, y no quiero.

Debe de ser el poder maligno de los domingos, que me arrastra hasta abajo, tirando de mis tobillos, pero hoy ha vuelto a ser uno de esos días… que no.

Así que he decidido refugiarme en lo bello. Lo bello, que siempre es hogar para la esperanza y pozo donde hundir la parte más angustiosa y oscura. En lo bello sobrevive la magia, entendiendo lo bello por aquello que pone un poco de bálsamo en la herida y que crea un refugio contra el caos. Lo bello…, un concepto tan cambiante como subjetivo.

Hoy, para mí, lo bello me esperaba en el fondo de los cajones revueltos de mi ropa interior. Y en el nuevo orden impuesto sobre ellos. He sonreído al ver encajes y colores suaves; transparencias sutiles y tonos saturados. Y sí, he pensado que no debería volver a comprar lencería en los próximos cinco años, porque ya no cabe en los cajones, pero también que hay pocas cosas que me hagan sentir más en paz con mi cuerpo y la necesidad de mimarme que una pieza suave de ropa interior bonita.

Ya tengo el plan para cuando termine este encierro, para cuando la urgencia de los besos, los «te he echado de menos» y las lágrimas de reencuentro ya estén sofocados. Vaqueros, camisa blanca, tacones altos, un bolso cruzado al pecho para tener las manos libres para abrazar con fuerza, pintalabios rojo y mis pasos resonando sobre el asfalto de camino a tomarme, por ejemplo, un negroni. Por supuesto, bajo todo esto y en secreto, una pieza que me haga pensar en lo bello. Y en lo libre. Un secreto compartido solo conmigo misma.

131

## Páginas

Los libros, puente entre las palabras y la imaginación. Acuerdo tácito entre quien escribe y quien lee. Trabajo compartido, porque sin lectores no hay libros y sin el ejercicio de imaginación que suponen no hay historias.

Leer es también la expresión de nuestra curiosidad y la curiosidad es el motor del aprendizaje. Aprendemos, claro que sí, pero no solo del modo convencional.

Aprendemos con las vísceras cuando se despliega la empatía. Y no hace falta que los personajes sean como nosotros, que vivan como nosotros y que sufran lo que sufrimos nosotros. Porque he ahí la magia, el viajar, la imaginación.

Y en cada libro habrá tantos mundos diferentes como lectores que se zambullan en él.

Hoy, más que nunca, en estos tiempos complicados, no cierres puertas. Dale alas a tu imaginario, aliméntalo. Le encantan las palabras, ponerse a prueba, salir de su zona de confort y olvidarse de que ahí fuera, tras la ventana, vive una realidad diferente.

132

## La espera

Supongo que ahí está mi pedazo de infierno. En esperar. Jamás tuve el don de la paciencia y jamás sentí la necesidad de cultivarlo. Hay quien nace con serenidad, pero yo grité en cuanto mis pulmones empezaron a funcionar.

No se me da bien esperar, pero espero. Quizá en esta incongruencia vive el cinturón que me asfixia; creo que en algún momento aprehendí que el ser humano debe vivir esperando. Una fecha especial, el verano, que el camarero traiga tu bebida, que el teléfono suene, un viaje, un estado de ánimo. Y, sin darnos a veces cuenta, incluso quienes no nacimos con la templanza necesaria esperamos.

Sé que el día que deje de esperar me invadirá el gozo. Sé que encontraré sentido a los minutos y a los días, que la lluvia me gustará más y hasta buscaré ese instante en el que el sol penetra en el salón con la precisión de un cuchillo bien afilado. Sé que en la no espera encontraré la paz…, pero, de alguna manera, la espero.

133

## Fluir y vivir

Me he cambiado la foto de WhatsApp. No sé por qué, pero siempre me ha parecido un acto simbólico. Lo hago poco. He llegado a tener la superstición de que si la cambiaba las cosas irían irremediablemente fatal. Hasta ahora, claro, que todo ha empezado a ir de culo y directo al precipicio sin necesidad de llamar a la mala suerte. Porque la vida es así y, por más que queramos hacer planes, a veces es imposible, porque la vida manda. Y la vida, como el agua, siempre encuentra un camino para salir adelante.

Así que me he cambiado la foto de WhatsApp, ahora que mi vida es un caos, en un acto simbólico que marque el principio de una era de fluir. Fluir con todo. Preocuparme menos. Sentir más. Ser consciente de que los apegos no siempre nos hacen felices. Que hay que desprenderse de miedos (al fracaso, a estar sola, a lo nuevo, a lo viejo, a los fantasmas que todo el mundo lleva consigo…) y vivir. VIVIR en mayúsculas, porque el tiempo pasa y pasa y no quiero que cuando el viaje termine me quede con la sensación de que pude pelear por ser más libre, más feliz, alguien con menos prejuicios…, por sentirme más plena, más cómoda en mi piel, por amar quien soy con sus luces y sus sombras. Por gozar.

La vida es una y no quiero que me pase por delante como si fuera la de otra persona.

Cojo el timón…, lo demás ya se verá.

# 134

## Miedo

¿Has sentido alguna vez miedo? Qué pregunta, ¿verdad? Claro que lo has sentido. La paralizante sensación de terror que te lame las venas con latigazos, en ocasiones de hielo y a veces de lava.

Y, tras el fogonazo, la consecuencia. Porque tienes que reaccionar, aunque lo temas, aunque no entre en tus planes. Esperar a que el pánico te atropelle mientras esperas a que te embista la realidad o protegerte del golpe. La protección es la respuesta instintiva.

Pero… cuidado con tener miedo al miedo. Cuidado con huir cuando algo te acelera el corazón por temor a que salga mal y termines peor parado. Cuidado con la piel demasiado protegida, porque se irrita con mayor facilidad. Cuidado con recordarte a menudo la última caída, porque no te dejará andar sin tropezarte. Cuidado con decirte que eres demasiado torpe, que eres demasiado boba, que albergas demasiadas ganas de vivir y que hay cosas que, sencillamente, a ti no te pasarán jamás…, porque las cosas pasan frente a ti, dejando a tu elección si las tomas o las dejas correr, y tú sigues preocupándote por no albergar esperanzas. Porque te van a volver a engañar, ¿no? Porque tropezarás de nuevo con la misma piedra, ¿verdad? Porque en esta ocasión tampoco saldrá bien…, ¿o sí? O sí.

Amordaza al miedo cuando te susurre arrullos, cuando te diga que estás más segura en sus brazos, cuando te pida que te acurruques junto a él. Quiere que no te muevas de donde estás…, pero… ¿no es eso morir un poco?

135

## Días y días

Hay días y DÍAS.

Llamadas y LLAMADAS.

Hay besos de buenas noches y BESOS DE BUENAS NOCHES.

Y, si te mueves entre los unos y los otros con una mezcla de ilusión y frustración en el estómago (cuando llegan las mayúsculas *versus* cuando solo te quedas esperándolas), no sufras. Esa es la vida. Eso es ser feliz.

Un día andas de puntillas y al siguiente tus zapatos de tacón pisan fuerte esa escalera, haciendo que el sonido te aplauda el camino hasta la puerta.

HERMES 3000

## 136

### De mayor quiero ser…

¿Te has preguntado alguna vez quién quieres ser? No el cómo de lo que te rodea, solo el qué de lo que eres.

Existe la leyenda de que debes saberlo a cierta edad, pero la verdad es que no todas las leyendas son ciertas. Ya rebasé esos años y sigo construyendo la imagen de quién deseo encontrar en el espejo… día a día y casi minuto a minuto.

Quiero disfrutar y preocuparme menos. Quiero una piel sensible a las caricias y la capacidad de absorber los golpes. Que las magulladuras de lo que salió mal no dejen peso, solo la cicatriz de que una herida sanó donde queda su huella.

Quiero que suene música y silencio, que huela a velas, que si mis pasos suenan solos no lo hagan huecos, sino plenos. Quiero saber sonreír solo cuando lo siento, quitarme de dentro la lección adherida y aprehendida (con hache intercalada, cuyo significado siempre me pareció más poético) de que una señorita debe sonreír siempre. Y ser amable.

Quiero ser amable, pero también aprender a ser amablemente tajante cuando algo me haga daño. Quiero saber decirme «Está bien, has sido valiente, te mereces lo bueno que te pase».

Quiero callar cuando no tenga nada que decir y tener el don de marcharme cuando debo.

Quiero sentirme segura al cobijo de mi piel. Quiero hacer de mis labios un sello. Quiero que mis ojos siempre digan la verdad. Quiero viajar, recorrer, crecer, una imaginación viva, una curiosidad sana, no dejar nunca de aprender. Quiero ser mía y que, si me doy, sepa volver a casa, al cuerpo en el que vivo, cada noche para abrazarme al dormir. ¿Y tú? ¿Te has preguntado alguna vez quién quieres ser?

## 137

### Carta a mi cuerpo

Querida cabeza, sé que te acostumbraste a funcionar rápido. No necesariamente eficiente en la mayor parte de los casos, pero sí rápido. Las palabras exigen rapidez porque las conexiones entre ellas se desvanecen muy pronto y hay que cazarlas antes de que se fuguen. Y que conste que te agradezco el esfuerzo…, aunque luego se te olvide la palabra «nevera» o te des cuenta de que llevas quince minutos intentando lavarte el pelo con acondicionador.

Querida cabeza, es el momento de que descanses, de que te dejes llevar, de que no tires de hilos invisibles a las tres de la mañana porque suelen ser los responsables de que el telón de muchos recuerdos se abra y me lleve de visita guiada hasta todos aquellos momentos en los que me equivoqué. Y estoy exhausta, cabeza. Necesito que me dejes volar.

Querido pecho, que albergas lo que fue y no puede ser, lo que no fue y es, lo que será y no será. Despréndete del peso, por favor. Sal a la ventana y grita hasta que no quede dentro de ti ni un vapor añejo. Sácalo todo hasta que podamos dejar los latidos en barbecho y algún día florezca de nuevo algo allí dentro.

Querido pecho, la cabeza ha prometido dejarnos volar; ahora tú solo tienes que aprender a soltar.

Queridos pies, que me sostuvisteis, que me llevasteis allá donde tuve que ir, donde tuve que estar, donde quise correr. Queridos pies, os dejo decidir el camino. De alguna manera he aprendido que nada se puede programar, que una vida es incapaz de caber en los parámetros de algo concienzudamente preparado, de modo que os cedo el mando. A vosotros, la fuerza y la energía. A vosotros, las nuevas y las viejas ilusiones. A vosotros, la decisión de qué caminos, de los que nos quedarán por delante, deberemos escoger.

Dijo Frida: «Pies, ¿para qué los quiero, si tengo alas para volar?».

138

## Permitirse

El miedo está permitido.
Y el vacío.
La sensación de caída libre.
La de no saber qué estás haciendo.
La de saber que las cosas no volverán jamás a ser las que fueron.
El terror. Lo nuevo.
Las ciudades en las que nunca estuviste.
Los recuerdos de aquellas en las que sí soñaste.
Lo que queda por hacer.
La persona que no sabes si lograrás ser.
Las alas que se agitan, queriendo abrirse en lo oscuro.
Y saltar.
Y que broten flores.
En lo más profundo.
Que broten flores.

139

## Cuídate mucho

Ayer una amiga me dijo cosas muy sabias. Entre ellas, que venía una época para regalarse más.

Entiendo el concepto de «regalarse» como una forma de autocuidado. Y cuántas veces nos decimos eso de «cuídate mucho» sin saber muy bien a lo que nos referimos. Porque cuidarse puede ser casi cualquier cosa.

Cuidarse es no coger siempre el teléfono o encender el modo avión de vez en cuando.

Cuidarse es pedir comida sana a domicilio y darte un capricho, aunque sea un poco de pollo con verduras y una salsa que nunca consigues hacer en casa.

Cuidarse también es comprar, entre todo lo que sueles consumir, un bote de leche de coco porque te apetece probar a cocinar ese curri al que le tienes ganas.

Cuidarse es leer con los pies al sol. Tumbarse en el suelo de la habitación a escuchar música. Encender una vela. Renovar todos los juegos de toallas y comprar un par de los buenos. Poner por fin en el «carrito de la compra» un par de camisones bonitos a los que tienes echados el ojo desde hace tiempo en esa web que te encanta. Decirse con convencimiento que tampoco pasa nada cuando todo cambia. Dedicarse a una misma unas palabras bonitas como «Eres valiente», «Eres independiente», «Eres cariñosa», «Estás llena de amor». Desmaquillarse cada noche en una rutina cuidadosa y detallista, que termina con una exhalación de alivio.

Porque cuidarse es eso, ¿no? Darse. Regalarse cosas que la hagan a una sentir bien, aunque suenen frívolas o no hagan falta. Aunque sean muy importantes y no les demos importancia.

Regalémonos cosas bonitas, cálidas, que nos convenzan sin remordimientos de que es posible que el mundo sea en ocasiones un lugar hostil, pero... que merece la pena ser vivido.

## 140

### La erótica de la demora

Si algo me ha enseñado el confinamiento es paciencia. Yo, que quien me conoce sabe que lo quiero todo pronto, todo ya, todo lo antes posible, he aprendido que, si alargas la calma, a veces no hay tempestad.

He aprendido a hacer las cosas despacio. A leer las noticias y los mails lentamente. A apuntar las cosas para que no se olviden. A doblar la ropa por colores en los cajones. Las circunstancias siguen siendo las que son, pero cambia el tempo interno con el que las vivimos.

Odio esperar, soy así desde pequeña, pero en estos últimos dos meses y medio hasta he encontrado la erótica de la demora. Porque cuando dejas que sea la espera la que marca el ritmo, el tiempo se deforma hasta caber en un suspiro y ser infinito a la vez. La piel siente más cuando la tocan. Las sonrisas cobran nuevos significados. Y cualquier excusa es buena para esperar lo mejor de uno mismo.

141

## Ser valiente

Hoy he pasado miedo. Un rato. Bueno…, uno largo.
He pasado miedo, y ya está. Y lo he asumido en voz alta
y lo he compartido. Me he encogido en la cama, buscando
mi propio abrigo. Me han abrazado, entendido, compartido,
pero… no ha sido suficiente.

Hoy he sentido miedo y no me culpo, porque ser valiente
es tener miedo y afrontarlo.

142

## Un puñado de deseos

Que haga galopar el corazón como si acabásemos de llegar corriendo desde la otra punta del mundo.

Que al besar cerremos los ojos…, y si los abrimos nos muramos de risa.

Que los brindis con los amigos suenen siempre a «la última y nos vamos»…, aunque nunca sea la última y en el fondo nunca nos vayamos.

Que los vestidos de verano ondeen con la brisa alrededor de nuestras piernas y alguien nos diga que parecemos muy felices. No que estamos más guapos o más delgados o más jóvenes…, solo más felices.

Que alguien nos mire a los ojos y nos diga desde el pecho «Quiero que seas feliz».

Que los fantasmas dejen de dar miedo y al pasado se le rompa la mochila y caigan piedras de su interior para adornar el camino que vamos dejando atrás, aligerar el peso y dar por aprendida la lección.

Que salgamos reforzados, un poco más conscientes y, sobre todo, con ganas de ser loca e inconscientemente felices.

143

## De aquel día que añorabas el mar

A la vida le pido un poquito de ilusión. Una migaja. Algo que quepa entre los dedos. Manejable. Que viva a gusto y holgada en una sonrisa. En el brillo de unos ojos. En las mejillas sonrojadas. En la caricia de dos manos sobre la mesa de un restaurante.

A la vida le pido un olor que me transporte a casa… y que «casa» sea cualquier lugar donde ese olor me acompañe. Una brizna mezclada con el viento y entre mi ropa, que siempre esté ahí, aunque no lo esté.

A la vida le pido dos manos que sepan cuándo soltar amarras y cuándo quedarse quietas asiendo mi cintura. Dos manos que golpeen la mesa para despertarme cuando me quede muy hondo, en mi zona oscura. Dos manos capaces de recorrer mi espalda mientras sueñan.

A la vida, en realidad, le pido el mar. Pero en pequeñito. Que me quepa en los bolsillos cuando voy a traértelo de vuelta. Que huela como tú lo haces y deje también en mi cabello su aroma…, como tus dedos. Quiero un mar, por supuesto, que pueda navegar como lo hago con tu sonrisa tímida, con nuestros desencuentros, con tus dudas y mis miedos. Quiero un mar que quepa, justamente, entre el hueco de mis dedos para que la próxima vez que lo añores solo tengas que besarme para sentir que has llegado.

144

## Irnos lejos

Pocas sensaciones como la de deslizar los pies descalzos sobre la hierba fresca. O como la del primer baño del año.

El recorrer del paisaje más allá de la ventanilla y un puñado de canciones que cantar como si supieras.

Pocas sensaciones como la de planear nuevas huidas. O vueltas al mar que te llama, como nacer a la inversa, regresando al vientre de la tierra en la que aprendiste a andar.

Ojalá hundir los pies en la arena. Cerrar los ojos. Oler el salitre. Escuchar el romper de las olas. Sentir tu mano, tus dedos, entrelazados a los míos. Que tu pulgar dibuje círculos en mi piel mientras los dos nos perdemos, juntos pero muy lejos. Lejos pero muy juntos. Frente al mar.

145

## Carta al verano

Querido verano:

Hace años que rompimos. Me asfixiaba tu apego, tu humedad, tu calidez. Tus abrazos me hacían sentir exhausta. Tu sol, lejos de besar mi piel, me dejaba una sensación de quemazón, de escozor…, un ardor muy lejano a la pasión.

Pero… he estado pensando. Recapacitando. Porque, en realidad, hay mucho de ti que vive en mí desde que nací. Hay algo de ti que soy yo en mi máxima expresión. Hay algo de ti que susurra, envuelto en olor a jazmín y a citronela, que esto es el inicio de una sincera y eterna amistad.

146

## Deseos para la noche de San Juan

Que nos sintamos tan vivos que la muerte nos tema.

Que no vuelvas a decir que desde que no me ves no sonríes, por que estemos más cerca.

147

## Lo creativo

No sé cuántas veces escuché decir que tenía demasiados pajaritos en la cabeza. Que me quedaba en Babia. Que soñaba más despierta que dormida. ¿Por qué? Bueno…, hablaba demasiado en clase, garabateaba en los márgenes de los libros y en ocasiones redactaba cartas a personas que no conocía en las últimas hojas de los cuadernos. Perdía el tiempo de estudio en escribir cosas mal escritas y sin futuro que, a menudo, abandonaba pasados unos días.

Inconstante. Esa palabra también la escuché y… alguna vez en boca de gente a quien quería.

Ese recuerdo me ha hecho pensar en si fomentamos, respetamos y cuidamos la imaginación y la creatividad desde que hace acto de presencia. Si animamos a nuestros pequeños a pensar diferente. Si nos premiamos a nosotros mismos por crear, sea lo que sea que creemos. ¿Es así o, por el contrario, seguimos en un mundo que mira raro al que se interesa por lo diferente, curiosea hasta obsesionarse, juega con la realidad hasta devolver su propia visión de esta convertida en otra cosa?

No sé. Me gustaría pensar que pronto ningún niño que se interese por las artes sea tachado de ser alguien con la cabeza llena de pajaritos, un vago, un friki o inconstante. Que se deje de decir que ciertas asignaturas «son marías». Que ciertas ramas son «más fáciles».

Animémonos a ser diferentes. Aprendamos a pensar, pero sin que nadie nos diga en qué hacerlo. Creemos sin temor a que opinen que perdemos el tiempo. Dediquemos nuestro tiempo, ya sea por entero, ya sea en un rato robado al sueño (como yo misma comencé a hacerlo hace más de diez años), a lo que nos hace palpitar. Al fin y al cabo…, la vida es eso, ¿no? Somos esos pajaritos en la cabeza. Y es maravilloso.

148

## La culpa

A veces me da por pensar por qué cuando alguien nos hace daño nos atenaza la culpa. Quizá no lo sintamos todos y no lo sintamos siempre, pero no deja de ser algo común; cuando nos hieren, algo dentro de nosotros nos dice que es culpa nuestra.

Porque les presionamos, porque no fuimos suficiente, porque quizá malinterpretaron nuestras palabras, porque no supimos hacerlo mejor, porque…, por cualquier razón que a nuestra retorcida mente le parezca que encaja mínimamente con la situación, aunque para ensamblar la pieza con su contexto tengamos que hacerlo a la fuerza, a puñetazos.

Pero la realidad es que nos han hecho daño.

Y probablemente no seamos más culpables de ello que del hecho de haber estado allí. Azar, una mala gestión ajena de los sentimientos, malicia…, vete tú a saber el motivo. Porque el motivo no siempre es importante. Cuidar la herida sí.

Y no sé si nos enseñaron a cuidarnos bien. No nuestros padres, que conste, sino la vida.

Lamerse las heridas y suturarlas con amor propio es aún asignatura pendiente, pero… quizá eso sea lo más bonito, motivador y especial de todo esto: nunca dejamos de aprender sobre nosotros mismos. Nunca dejamos de aprender del mundo. Nunca dejamos de crecer.

Si me estás leyendo y te dañaron, quiero decirte que sanará. Siempre termina haciéndolo. Pero abrázate. Mucho.

149

## Hacer las maletas

Siempre se me ha dado especialmente mal hacer maletas. Y deshacerlas. Buff. Es como ver sobre la cama del dormitorio los estragos de un desastre natural. Cargo con muchos porsiacasos, termino por llevar más «algo» de la cuenta y menos «algo» de lo que toca. Me hago listas. Estudio la meteorología y las actividades que voy a emprender en el viaje, combino (y me pruebo) cada prenda antes de resultar escogida... Y aun así mi maleta suele ser la más pesada. La última vez se me olvidó la ropa interior.

No soy práctica. He llegado a la conclusión de que quiero hacerlo tan bien que termino haciéndolo rematadamente mal.

Si algo me ha enseñado hacer maletas es que, en ocasiones, planear no sirve de nada. Y en la vida todo es fluir. Porque... ¿para qué queremos nuestras alas si no es para volar?

150

## Lo que sucede cuando no leo

A veces me cuesta meterme en la lectura sin que esto tenga nada que ver con el libro en el que estoy enfrascada. Porque me tumbo con él entre las manos, pero el ronroneo de uno de mis gatos llama mi atención y no puedo más que apartar las páginas para acariciarlo mientras le digo cosas bonitas que creo, fervientemente, que entiende.

En ocasiones, dejo el libro abierto sobre el pecho y miro la pintura blanco roto del salón mientras pienso en lo mucho que me gustan las personas con las que uno puede discutir sobre lo abstracto, el discurrir del pensamiento de algunos de mis amigos, los dichos populares o el olor de ese perfume que es el suyo, pero que me recuerda a una tienda de lujo con un jardín interior.

Me acuerdo de que no actualicé la agenda. Me levanto a descongelar el salmón. Caigo en la cuenta de que tengo que salir a comprar comida y planeo los menús. Pongo un vinilo. Busco en qué plataforma ver una película que me recomendaron ayer. Me sirvo otro café con hielo. Paseo descalza encendiendo las velas de toda la casa con esas cerillas largas que huelen tan bien.

Pienso en el salto que daré sobre ti el día que te vea. En que hace tiempo que no me compro flores. En que debería ordenar los armarios y guardar el robot de cocina que casi no uso.

A veces no me concentro en la lectura de un libro, no, pero porque la vida, con la sencillez más aplastante, pide turno e irrumpe en la casa. Y no hay nada más importante que vivir y la sonrisa con la que escribo ahora mismo estas palabras.

151

## Pequeños detalles

Que el camarero recuerde cómo tomo el café. Entrar en mi dormitorio en el preciso momento en el que un haz de luz parte en dos la cama, dibujando una herida dorada sobre las sábanas. Esa vela que huele a bosque. Pero a bosque de verdad, no a vela con olor a bosque.

Que te sepas el nombre de la chica que nos sirve la clara con limón.

El sonido de mis nuevas sandalias de tacón sobre el linóleo de las escaleras.

Mi gargantilla olvidada en la mesita de noche, dejada caer de cualquier manera, como si tratara de huir reptando fuera de su caja.

Comer sobras recalentadas de algo que yo misma cociné y darme la enhorabuena mentalmente.

Lanzar una carcajada «por culpa» de un libro. Escuchar cómo la lanzas tú cuando te hago bromas sobre esas pegatinas con forma de estrella de color azul que me regalaste. Ver que aún te sorprende el sonido de tu risa.

Leer el periódico con los pies al sol. Esperar visita. Partir cinco tipos de queso en cinco cortes diferentes para mis amigas. Descorchar una botella de vino bueno y quedarme mirando la copa vacía, impoluta, brillando bajo la luz de la vela que siempre tengo encendida en la cocina.

Combinar la ropa interior. Que mires de reojo mi manicura y preguntes de soslayo si lo tengo todo siempre controlado, aunque ya sepas que la respuesta es «no».

Una nuez de macadamia partiéndose entre mis dientes. Que montes un pequeño drama y luego vuelvas sin haber cambiado un ápice tu sonrisa.

Las manos desnudas frotándose, repartiendo esa crema de Chanel que tanto me gusta. Recibir un paquete en casa y que sea un regalo que encargué para otra persona.

Que me manden una canción porque les recuerda a mí. La mirada perdida más allá de la ventana. Ese vinilo de Extremoduro que compré el otro día. Tener los pies fríos hasta en verano…, y disfrutarlo un poco.

Pequeños detalles. Siempre fui de pequeños detalles.

152

## Ese mensaje que te mandé

*Madrid, 7 de septiembre*

Ya no hace calor; tampoco frío.

Los abrazos han dejado de ser breves porque el sol ya no aprieta tanto.

Se van viendo chaquetas rescatadas del fondo del armario, aunque a mediodía sueles encontrarlas descansando sobre el respaldo de las sillas.

Ya no me olvido la mascarilla al salir de casa.

Los restaurantes ya se están llenando, pero a mí ha dejado de apetecerme ir.

Me pregunto, no sin cierta guasa, si todo siempre fue tan raro.

La vida aquí sigue siendo bonita. Muy bonita, incluso.

Ya lo verás. Aquí te espero.

153

## La lluvia sobre la calle de la Palma

La felicidad es, a mi parecer, como la belleza: subjetiva, pasajera y, por más que ansíe la perfección, jamás necesitó de ella.

Ayer, apoyada en la fachada del Amor Hermoso Bar, veía llover y pensaba en cuánto me gusta el petricor que emana de los adoquines cuando hay tormenta. Pensaba también en alguien que me había dicho que amaba correr bajo la lluvia intensa y en si le habría pillado trotando por su barrio. Pensaba en lo importante que es la sonrisa que te despierta alguien al escribirte un mensaje y en lo que vale mantener cerca a aquellos a los que también escribes sonriendo. Repasar recuerdos. Meditar en silencio qué nombres aparecerán en dos años, cuando recordemos todo esto. Brindar. Maldecir los tacones en el empedrado de Malasaña.

Ser feliz. Porque la felicidad se parece también al agua; siempre encuentra su cauce.

154

## El día que sospeché que te irías

A veces las palabras, como los gestos, significan algo para el emisor que el receptor interpreta de otro modo.

Sin embargo, en ocasiones la vida se alinea; el qué y el cómo se reformulan hasta tener la misma forma y, en un momento de completa lucidez, dos personas se entienden. Los matices. Los colores que van más allá del blanco y del negro. Hablan con los ojos. Entienden por qué se desvía la mirada, entienden qué se mira en realidad, entienden lo que ven. Y el hecho de que uno de los ojos tenga motas más oscuras parece construir una galaxia completa donde vivir de esperanzas.

Hablan con las manos, aunque estén en la terraza de un restaurante rodeados de desconocidos que no deberían participar de sus caricias. Se aprietan los dedos bajo la mesa y se entienden; se sabe que quieren decir «No te vayas nunca». Incluso esos dedos que se deslizan por la piel hablan, queriendo tatuar sobre esta y en tinta invisible un camino que nadie más transite. Nunca.

Habla la lluvia, que cae más allá de la sombrilla, que se desborda, como lo hacen las palabras cuando dos personas se comprenden por fin después de mucho conversar. La lluvia habla como telón, como escenario y guiño. La lluvia es, a veces, la prueba irrefutable de que algunas cosas son cuestión del destino y de que el mundo solo quiere que todo parezca mucho más bonito a su alrededor.

Ayer pensé mucho sobre el significado de «Te quiero». Habla mucho un «te quiero». Más de lo que puede quedar flotando sobre su superficie húmeda (de besos, lluvia y ganas). «Te quiero» significa «Te encontré», «Por fin», «Escapémonos», «Contigo», «Me muero de miedo pero no le temo», «Vale la pena», «Bésame»..., pero también «No puedo», «No debo», «Guárdalo por si vuelvo», «Cuídate cuando yo no esté» o «Es injusto, pero no podía callarlo por más tiempo».

Y, ¿sabes?, ayer, mientras me empapaba buscando un taxi en un Madrid en el que todo brilla más cuando llueve, pensé que «Te quiero» en realidad significa solo una cosa: el tiempo que vayas a quedarte para demostrarlo. Lo demás..., lo demás no es nada. Solo palabras.

155

## Eso que llaman vida

¿Has pensado alguna vez quién quieres ser cuando envejezcas? Quién y cómo, claro. Es un juego esclarecedor para el hoy. Verás…, imagina que la salud te lo permite, que puedes escoger los rasgos predominantes de la anciana que serás…, ¿dónde, cómo, con quién… celebrarías tu ochenta cumpleaños?

A mí me gustaría no necesitar bastón pero lucir uno bonito, con una piedra verde en la empuñadura. Los desconocidos del barrio me llamarían «la señora del bastón», y eso me gusta. Quién sabe de qué color llevaré el pelo, pero para ese entonces no será nada fuera de lo normal. Ni los tatuajes.

Sonreiré mucho y me reiré también. Beberé bloody marys el día de mi cumpleaños y una vez al mes comeré ostras con cava con mis amigos. Aunque aspiro a verlos todos los días.

Haré chistes. Preguntaré cosas a la gente joven. Intentaré mantenerme actualizada con las nuevas tecnologías, pero como ya me cuesta conectar el Google Chrome, no prometo nada.

Compraré flores en Margarita Se Llama Mi Amor los sábados por la mañana. Seguiré manifestándome cada 8 de marzo. Y escribiré…, porque del oficio de escritor uno nunca se jubila, aunque no publique.

Si digo que este juego es esclarecedor es porque, sabiendo dónde quieres llegar, es mucho más fácil emprender el camino, seguir los pasos para ser quien en un futuro sueñas ser. Porque la meta es la foto final. Lo realmente emocionante es lo de en medio…, lo llaman vida.

156

## Pide un deseo

Pide un deseo. Pero pídelo de verdad. Ojos cerrados, pecho abierto de par en par. No temas que los monstruos que habitan en tu cabeza puedan entrar. Esto es solo tuyo; no encontrarán el camino si no los dejas pasar.

Pide un deseo con los ojos cerrados… o atentos por si cruza una estrella fugaz. Aunque, seamos serios, ¿cuándo se hizo alguno de esos realidad?

Pero pídelo, venga. Como si cualquier cosa pudiera cumplirse, como si estuviera permitido, incluso, soñar con volar.

Pide un deseo que haga minúsculos los obstáculos, que salga de lo más hondo, de los labios de en quien piensas antes de dormir. Que los «no debo», «no puedo», «¿qué será de los demás?» no medien. Solo escarba bien hondo, vísceras adentro, hasta encontrar aquello que aparece en tu cabeza nada más despertar.

Yo pedí uno de esos. Uno en silencio, con una voz interna muy queda, con un hilo de pensamiento rojo que, de seguirlo palmo a palmo, terminaría en tu pulgar. Lo pedí como te lo estoy diciendo: con alas, sin miedo, dispuesta a encarar el resultado si algún día se llegaba a cumplir.

Aunque no fuera fácil. Aunque me llevase lejos. Aunque…, aunque.

No se cumplió, lo puedes imaginar. Pero no importa porque si pides un deseo, si lo haces de verdad, es mucho más fácil situar el punto justo del horizonte al que debes mirar.

Y hablando de mirar…, mírate las manos y busca hebras escarlata que delaten la existencia de aquel lazo y verás que ahí están.

Oh, qué importante es soñar.

157

## Del día que tuve un jardín en el pecho

Salí a comprar flores para mí. O a caminar y comprar flores. O a oler la lluvia, caminar y comprar flores. Juraría que la luz de aquel día era la misma que la de hoy. Quizá sean el mismo día en un bucle espacio-temporal. Quizá para mí ya no haya más días de lluvia que no sean aquel.

Terminé volviendo a casa sin flores seis horas después, pero aquel café contigo fue como beberse una puta primavera entera, así que… ¿para qué más flores?

Me dijiste que aquel sitio me gustaría, pero la verdad es que disfrutábamos de cualquier lugar en el que estuviéramos los dos. Paseábamos uno al lado del otro y yo quería que me cogieras de la mano. Lo hiciste horas después, bajo la mesa del restaurante. Porque el café terminó en una mesa llena de vasos vacíos de cerveza.

Te dije que estaba enamorada porque la luz era preciosa y la confesión me quemaba dentro y tú respondiste que lo estabas también. De mí. Eso fue lo que me sorprendió. Eso y que habláramos de París. Éramos una película francesa.

Yo tenía frío y tú, aunque solo llevabas una camiseta negra y tus vaqueros, me diste calor con un abrazo. Después me prendiste fuego con un «te quiero» al oído. Entendí la letra de una canción de Adele en ese instante. Y te besé. Te hice prometer que jamás besarías mis mejillas si en realidad deseabas mi boca.

Fue un día como hoy, pero completamente diferente.

Volví sin flores a casa, pero del centro del pecho me crecía un jardín entero. En silencio.

158

## Oler a lo vivido

Hay gente que no entiende lo de vivir con la nostalgia pegada a la ropa, como se adhiere un olor. Una vez, a los dieciocho, pasé veinte días en la playa junto a mi mejor amiga y, al volver, toda mi ropa olía a mar, aunque la lavara antes de hacer la maleta de nuevo. Así es como entiendo las vivencias.
Se quedan tatuadas con tinta indeleble pero invisible y ya es imposible borrarlas. Con el tiempo, supongo, pierden matices, pero yo no quiero que pase, porque cada una de ellas han hecho a la mujer que me mira en el espejo.

159

## ¿Qué querías ser de mayor?

¿Qué querías ser de mayor? ¿Veterinaria, trapecista, princesa, maestra, Indiana Jones, azafata?

Yo recuerdo haber querido ser un puñado de cosas: escritora, médico, periodista, profesora. En algunas de esas profesiones veo la idea ingenua e infantil que la Elísabet niña tenía del mundo y de la vida. Pero, si me pongo a recordar, a rebuscar en lo profundo, encuentro algunos detalles que apuntaban ya hacia la mujer en la que me he convertido. La curiosidad, que me llevaba hacia lo inventado y lo inverosímil, y el ejercicio de la soledad escogida, de aquella que produce placer.

Desde niña me gusta tener un espacio y un tiempo solo para mí, sin la obligación de tener que compartirlo con nadie si no quiero hacerlo. Disfrutar la compañía y disfrutar la soledad. Ambas en equilibrio.

Hoy iba por la calle, a toda prisa, como siempre (porque quien me conoce sabe que no sé pasear, que siempre ando como si me estuvieran esperando en algún sitio), y al sentarme tras el volante del coche y respirar profundo me he recordado, de bien pequeña, diciendo que yo de mayor quería una casa propia, conducir, saber cambiar una rueda, tener muchas cosas que hacer y no tener que madrugar…

No sé cambiar una rueda y, con lo poco que duermo, madrugar ya no supone un problema, pero me he dado cuenta de que he cumplido con el grueso de aquellas cosas que ya quería para mí cuando aún no las entendía. Lo que quería era poder escoger. Elegir. Y lo sé hacer. Y lo hago.

He arrancado el coche con una sonrisa enorme. Sonaba «Dance with Somebody», de Mando Diao desde mi Spotify.

Y tú, ¿cuánto hace que no piensas en qué querías ser de mayor?

## Carta a quien la necesite

No. No tienes que ser siempre valiente. «No»…, aprende esa palabra, porque te hará mucho bien en los labios.

Tener miedo es humano. Sentirte débil también. Que algo te sobrepase. No tienes que ser más grande que las circunstancias, solo un poco más sabia que ayer.

Puedes llenarte la boca de cuantos «lo tengo superado» o «estoy bien» quieras, pero, si no es verdad…, no pasa nada. Y no tienes por qué mentir. Ni a ellos, para que no se preocupen, ni a ti.

Porque está bien estar mal y, sobre todo, aprender de ello.

Y no importa cuánto tiempo necesites para sanar, porque lo necesitas. No importa qué les parezca a los demás, porque están fuera. No importa lo que creyeras, creas o creerás que es normal, porque «normal» es una palabra carente de significado. Y, si no lo es…, ¿por qué aspirar a ser normal pudiendo ser mágica?

No. No tienes por qué sonreír siempre. Puede no apetecerte. Puedes preferir guardar la mecha para que prenda una sonrisa de verdad, cuando toque, cuando tercie.

Es tu tiempo. Es tu vida. Y, si tienes que escribir una carta de amor a alguien, que la primera sea para ti mismo.

Cuídate. Te abrazo.

161

## Sobre cumplir años

El viernes, brindando con un amigo, se comentó que, a veces, soy muy «señora». «Señora» con su acepción de bata incluida y sus manías y su casa y sus ratitos de no aguantar a nadie. Y es verdad, pero lo más significativo fue mi respuesta: «Con mi edad ya me he ganado el derecho a serlo». Eso no quiere decir que me considere «mayor», solo que cumplí ya los suficientes para que hacer lo que me apetece no me traiga cargo de conciencia.

Porque, con los años, aprendes, te descubres, te perdonas, te asumes, te quieres un poco más, dices que «no» cuando toca y decir «sí», si es lo que te apetece, es una gozada. Y tu vida. Porque eso también lo aprendes; que tu vida es tuya y en ella mandas tú, reina y señora, cetro en mano y tacón apoyado en el asiento. Defiendes lo tuyo. Abrazas tus placeres y hasta tus defectos. Amas con las tripas y con el corazón el territorio (aunque sea una parcela pequeña) en el que has construido tu existencia.

Encuentras tu estilo. Pierdes vergüenza. Acumulas conocimiento. La independencia. La fortaleza. La belleza del paso del tiempo.

Querida, tú que me lees y que aún eres muy joven, déjame decirte que no temas cumplir años. No temas arrugas, flacidez, celulitis o que las tetas empiecen a mirar al suelo, porque…, créeme, eso no importa. Importa seguir cumpliéndolos. Lo contrario es el verdadero problema.

162

## Los fantasmas

Creo en los fantasmas. Creo en el espíritu como alma en pena de las inseguridades del pasado, de las heridas mal curadas, del trauma que escondiste bajo una sonrisa.

Creo en esas sonrisas que, como un poltergeist de película de Spielberg, lanzan cosas a diestro y siniestro dentro de tu cabeza, molestando y mintiendo, porque bajo ellas no hay un cementerio indio, pero sí situaciones en las que debiste cuidarte más. O quedarte menos.

Creo en la manifestación ectoplásmica del miedo disfrazado, bajo una sábana blanca, de cosas que nada tienen que ver con el motivo de su existencia.

Creo en muchas cosas porque las he visto y las he sentido, pero, ante todo, creo en el exorcismo de los complejos, las autoestimas lastimadas, el pasado que nunca llegó a pasar (sino a pasarte por encima) y que no necesita agua bendita, solo la voluntad de quedarse desnudo ante un espejo y repetir, como en una oración, como en un mantra: «Esto soy yo y amo mis cicatrices, porque de ellas surgieron las lecciones que me han traído hasta aquí».

163

## Agua

Puede que el oído sea el sentido que más recuerdos me evoca.

¿Es, por tanto, el sonido de la lluvia una puerta abierta, una sala de cine propia, un tobogán hacia el vértigo, la risa y lo intenso?

Es un cuerpo con muchas pieles, que va despojándose de lo corpóreo en cada capa y que va descubriendo la rotundidad y lo intangible de lo que fue y ya no es. Porque eso es un recuerdo, ¿no?

No, debe haber algo más capaz de convertir un martes lluvioso en un viaje en el tiempo hasta un lunes de septiembre de 1998, en plena gota fría, en una calle inundada, dentro del coche de papá, de camino al colegio. Qué recuerdo tan caprichoso de algo sin importancia, pero lleno de lo que fui y soñaba ser.

Sí, hay algo más, con la habilidad de convertir este martes lluvioso en un viaje en el tiempo hasta 1998, la primavera de 2018 o al 19 de septiembre de 2020.

Quizá no es cuestión del oído, del sonido. Quizá es que el agua, como conductora, te lleva, si te dejas, en una corriente interna hasta el estrato al que quieras llegar.

164

## ¿Qué soy yo?

Un buen vino tinto en compañía… y hasta en soledad. Al vino tinto no le pondré jamás problemas. Ponerme las gafas de sol y estirar las piernas bajo la mesa, en cualquier terraza de Barcelona, Valencia, Madrid o el destino más loco que se te ocurra, compartiendo cerveza y patatas fritas con los míos. Fumarme un pitillo en silencio en la terraza, ya de noche. Ir en moto, de paquete, abrazada a la persona que conduzca. El café de la mañana. Encadenar libros. Bañarme en el mar (y a poder ser desnuda). La sopa de mi madre. El ronroneo de mis gatos. Las películas clásicas, en blanco y negro. Los viajes en los que uno no recorre la ciudad para verla, sino que se sienta en cualquier parte a vivirla. El otoño. El olor a pan recién hecho. Hacer cosquillas a mis sobrinos. Los zapatos de tacón alto que llevar a gusto y un pintalabios potente de los de «aquí estoy yo». La gente cálida. Las personas duras que saben en qué brazos romperse. Las flores. Las velas. Los bolsos. El perfume de hombre…, sobre todo un perfume de hombre en concreto, cuyo nombre nunca me aprendí, pero que huele igual que mi tienda preferida. La ropa interior sexy. Los vinilos de música antigua. Las sorpresas. Los pepinillos. El queso. El poemario de Pedro Salinas que releo de vez en cuando. El olor a suavizante en las sábanas. Despertar y que esté nublado…, muy nublado. El jabón de manos de Coco Mademoiselle. Tantas tantas tantas cosas…

Terminé de leer esta mañana un libro que me hizo pensar. Un libro precioso, por cierto, de Rosa Montero *(La ridícula idea de no volver a verte)* que recomiendo encarecidamente. Pues bien, en uno de sus capítulos la autora enumera aquello que más le gustaba al ser querido, aquello que lo definía, porque de algún modo somos aquello que amamos. Y pensé, en este alarde narcisista que tiene toda reflexión al asentarse en la cabeza, en qué soy yo. Y aquí está. Esto es. Esto soy.

165

## Me la suda

Cuando me siento, el botón del vaquero se me tatúa en los michelines. Tengo celulitis y, de unos años para acá, he aprendido el término «flacidez» en mis propias carnes…, nunca mejor dicho.

Tengo canas. Y los brazos mucho más gordos de lo que me gustaría. Me levanto hinchada como una pelota de playa. A veces me saco fotos buenas y otras tantas horrorosas. Tengo papada. Y puedo dejar de tener tobillos durante días.

A veces todas estas cosas me hacen sentir fatal. Me quitan el sueño. Me hacen sentir vulnerable. Suele ser lo que aprovechan los *haters* con intención de hacer daño y puedo decir que a veces casi lo consiguen (casi, la edad es un grado). Pero, la mayor parte de los días, me la suda.

El día que aprendamos a mirarnos al espejo y sonreírnos (no sonreír, sonreírnos a nosotras mismas) será el día que empiece de verdad la aventura.

Levantemos la copa, hermanas, y entonemos a la vez un enorme y ensordecedor «me la suda» que haga temblar los reflejos en los que no veamos lo que importa de verdad.

## 166

# Manual de la perfecta infeliz

Sé buena. Compórtate como una señorita. Mantén un perfil bajo, no quieras destacar. Trabaja duro, durísimo. Pero duerme ocho horas, que después no estás guapa por las mañanas. Eso es importante, tienes que estar guapa. Y cuidarte, no te atrevas a quererte como eres, que eso es apología de todo lo malo. Haz deporte. Lee. Sé madre o no lo seas, pero siempre justifica tu respuesta. ¿No te quedan horas al día, estás cansada, agobiada, se te cae el pelo? Bueno, algo estás haciendo mal.

Ten tu propia opinión, pero no la compartas mucho, no vaya a ser… Sé simpática pero no te pases, no vayan a creer que es una invitación y tú tengas la culpa de la invasión. Cuida de todo el mundo. Ponte a la cola; pensar en ti es un acto de egoísmo. Pero sigue sonriendo, por favor, que no pare la rueda.

No vayamos a darnos cuenta, en una de esas, que no hemos nacido para cumplir expectativas, sino para ser felices.

Querida, si estás leyendo esto, déjame decirte algo: lo estás haciendo bien. Vale también no poder. Sonríe cuando quieras. Sé quien quieras ser. Eres perfecta en tu imperfección. Y a lo demás… que le den fuego.

167

## Incongruente

Quejándome de que no duermo con el séptimo café en la mano. Agobiada con los *deadlines* mientras ordeno los armarios de la cocina. La mesa del despacho llena de libros por leer y yo… comprándome un par más en la librería de al lado de casa.

La nevera llena de cosas sanas, el congelador vacío de ultraprocesados, pero yo… comiéndome una galleta con mermelada de higos. «Aún me duele un poco la garganta», después de descojonarme a voz en grito en la puerta de mi bar preferido. Despierta a las tres de la mañana; zombi a las dos de la tarde. La reina de abandonar tazas a medio beber por toda la casa. La que mata a todas las plantas. Una diosa olvidándose de comprar detergente para el lavavajillas…, y ya del suavizante para la ropa ni hablamos. La obsesa del control y de la independencia (del «quita, que ya puedo sola»), que ama que alguien le haga perder la cabeza… en compañía. Preocupada por si los vaqueros no abrochan,
pero deseando hacer masa de pizza en casa. Y un bizcocho.

Lamentarme de la cantidad de pelo de gato en la ropa y abrirles la habitación por la noche. Perder el tiempo en redes porque estoy muy ocupada. Intolerante a la lactosa, amante del queso. Feliz comprando, con ganas de tirarme por la ventana intentando poner orden en el armario. De las que odian el deporte pero les encanta quedarse sin respiración.

Absurda, incongruente y nerviosa. Maravillosamente humana.

168

## Escribir como modo de vida

Me quita el sueño. Me desvela en la madrugada y se adormece cuando cedo y me levanto de la cama. Me abre el estómago y, por tanto, sí, me engorda.

Hace que mi estado de ánimo se convierta en una montaña rusa en la que o estamos muy arriba o en el fondo del pozo más hondo.

Hace que me olvide de palabras. Palabras comunes. Me provoca, además de esta afasia, migrañas, taquicardias y contracturas en la espalda.

Me cuesta. A ratos me duele (me desangro, me descubro, me rompo perdiendo piezas por el camino), pero no sé hacer otra cosa que escribir. Como modo de vida. Porque, cuando escribo, me reencuentro con cosas (sueños, personas, hechos, discusiones, besos) que ni siquiera me atrevo a evocar en mi imaginación. Y esa es mi manera de vivir.

169

## Amiga, date cuenta

Me miras con una sonrisa triste mientras jugueteas con tu copa. Llevas una bonita manicura y te has maquillado las pestañas. Estás guapa pero triste.

—¿Es tanto pedir? —suspiras fingiendo un tono jocoso, como si no te sintieras con el derecho a exigir—. Solo quiero alguien con quien ser. No solo estar. Ser yo y que me deseen así. Que no me quiten las manos ni los ojos de encima, ¿me entiendes? Alguien que se ría a carcajadas con mis tonterías y que mientras yo me río piense que estoy bonita, aunque parezca un asno rebuznando. No quiero manta y Netflix, hostias. —Y te avergüenzas un poco de tu vehemencia sonrojándote—. Para ver la tele ya tengo reservada parte de mi jubilación. Alguien que me quiera. Que me haga sentir digna de ser querida. Que me haga estar segura de que lo que no soy solo importa en mi cabeza. Sí, sí, ya lo sé: soy digna, soy el amor de mi vida, me tengo que amar por encima de todas las cosas…, la teoría me la sé.

—El problema es que practicamos poco —te respondo.

—Es como esa canción, la de Silvio Rodríguez: «Los amores cobardes no llegan ni a amores ni a historias, se quedan ahí…, ni el recuerdo los puede salvar ni el mejor orador conjugar». Yo ya no quiero palabras. Quiero alguien dispuesto a ver el mundo arder conmigo. Hasta cuando me pongo imposible. Hasta cuando soy una rara de mierda. Me lo merezco, joder…, me lo merezco.

Te cojo de la mano por encima de la mesa. Por el camino he metido la manga en el plato de aceitunas, pero ambas sabemos que lo hago siempre. Creo que te lo digo todo con los ojos, pero, aun así, hablo:

—Te mereces aquello que te haga feliz. Pero sería un buen comienzo creerlo de verdad.

Esbozas una media sonrisa, triste.

—Guarra, cómo me conoces.

Y sí. Podría coger un papel y escribir todo lo que se te pasa por la cabeza ahora mismo: que lo añoras; que te sientes mal por hacerlo; que sabes cuánto resta en realidad quererlo; que has decidido pasar página, pero que no contabas con que pesara tanto; que te sientes imperfecta. Mente colmena o… que no somos tan diferentes.

Pero, al final, en mitad del silencio, alzas tu copa.

—Que le den.

Y en lo que dura el sonido del brindis, el mundo es perfecto.

170

## Renombrar espacios

Algo tenemos en los pies que con nuestros pasos vamos marcando caminos invisibles a los ojos, pero que pellizcan el estómago, el corazón, las vísceras por completo hasta hacer de ellas un nudo.

Cuando queremos darnos cuenta, la ciudad se ha convertido en un mapa del tesoro, donde se puede ir desenterrando recuerdos que, a veces, brillan como oro y otras piden ser quemados como el carbón.

Una mano en mi espalda y una voz con un acento sensual preguntándome qué quiero tomar.

Dos manos entrelazadas sobre la mesa mientras los camareros recogen.

Unas manos grandes, suaves, acostumbradas a acariciar el teclado, quitándome lágrimas de las mejillas para llevarlas a su boca mientras dice «Te amo».

Unos pasos sobre el empedrado de Malasaña, saltando charcos, con el claroscuro de las farolas en los adoquines.

En estratos. Un recuerdo sobre otro. Sedimentación de polvo de magia sobre el barro de conversaciones que nos hacen ser quienes somos.

Y lo importante, siempre, es dejar en cada espacio tantas vivencias que el suelo no pertenezca a nadie en concreto. Solo a nosotros mismos y nuestra historia.

Renombremos espacios para que el suelo sea polisémico y cuente tantas cosas que los tesoros no amarguen la lengua al desenterrarlos en la memoria.

171

## Habitables

Somos espacios habitables. Casas con ventanas. Puertas abiertas. O cerradas. Tenemos cerrojos y en nuestra mano está dejarlos echados o no.

Aprendemos, con los años, a no dar una copia de nuestras llaves; a hacer visitas guiadas que no permiten corretear por ciertos pasillos; a dejar en nosotros una zona privada, solo nuestra, en un ejercicio de libertad y salud emocional. Porque no es egoísmo, porque no es raro, porque nacemos siendo uno y morimos siendo uno y ese uno nunca debería pasar a ser la mitad de nada, solo el cien por cien de lo que quiera ser.

Quedan en nosotros, como en una casa después de recibir una visita, muestras de haber sido habitados. En lugar del cerco sobre la mesa con la perfecta circunferencia de una taza de café, las migas sobre la mesa o las colillas aún humeantes en un cenicero abarrotado, nosotros hacemos gala de nuestras propias marcas: ese olor en la piel, característico de no haber dormido solos, las mejillas sonrojadas después del ejercicio del amor, los labios inflamados de haber besado y mordido…

Pero, tal y como limpiamos la mesa, fregamos las tazas y vaciamos el cenicero, nosotros, nuestra carne y hasta ese pedazo que nos pertenece y no obedece a nada físico, aireamos el interior, como hace una ventana abierta con el dormitorio en el que se respiró profundo toda la noche, y volvemos a ser refugio. A no compartirnos del todo. Y me parece fascinante. Florecemos e hibernamos. Nos plegamos y expandimos. Somos espacio habitable y habitación cerrada. A voluntad. Qué maravillosa dualidad.

172

## Espacios

Hay espacios preciosos.

Espacios que huelen a flores, a húmedo, a cosas a las que no pueden oler, como tarta de cumpleaños o café con leche de almendras.

Espacios con colores que vibran en claroscuro, en arcoíris, que se tatúan en la retina y siguen ahí incluso cuando no están delante de ti.

Hay espacios llenos.

Hay espacios.

Hay…

… pero, al final, en un pestañeo de una milésima que parece una noche entera, son espacios que huelen a ti, que se parecen a ti y que contienen tus ruidos.

Espacios.

173

## Libertad

Cuando tienes dieciséis años la palabra «libertad» es tan grande que ni siquiera te cabe entre los labios. Es un caramelo que no puedes sostener entre los dientes, solo saborear un poco de lejos... porque la realidad es que, a los dieciséis años, aún no sabes cuál será tu concepto de libertad.

Para mí, por ejemplo, era poder gestionar mi soledad, mis salidas, mis entradas, mis rutinas y, aunque sigue siéndolo a día de hoy, veinte años después, se le han unido tantos matices que la palabra «libertad» es indefinible si no es con una sonrisa. Todo el mundo sabe que en una sonrisa caben todas las palabras que somos incapaces de decir.

Libre de sentirme fea, guapa, poderosa o débil, pero yo. Libre de entrar, salir, volar o estrellarme. Libre de reconstruir mi escala de creencias y valores cada día. Libre de cambiar de opinión. Libre de tener una opinión para cada cosa o de abstenerme de tenerla de lo que no me interese. Libre de querer como me dé la gana. Libre de irme de un lugar donde no se me ha tratado mal, pero tampoco bien. Libre de hacerme cargo de las responsabilidades de mis actos, pero no de los de los demás. Libre de decir y de hacer. Libre.

Libre y consciente de que, no por decir muchas veces algo, esto es cierto. Libre de no tener la necesidad de hacerlo y dormir muy tranquila.

174

## Propósitos de Año Nuevo

Estoy segura de que es durante las fechas navideñas cuando más duros somos con nosotros mismos. Piensa en los propósitos de Año Nuevo, en ese listado de «mejoras» que mentalmente esbozamos de cara a conseguir una mejor versión de nosotros. ¿No son en el fondo un llamado a aspirar a ser un poco menos imperfectos? A no asumir que tenemos nuestras particularidades, que no somos infalibles, que no podemos con todo.

Perder peso. Leer más. Ser más sociables. O menos. Hacer más ejercicio. Gastar menos. O gastar mejor.

Debajo del titular de estar más sanos o ahorrar se esconden casi siempre los escombros, las ruinas que barremos bajo la alfombra, los cristales rotos de ese espejo en el que no nos gusta mirarnos.

Lo revolucionario sería proponernos reír más, preocuparnos menos, mirarnos siendo un poco más amables, dejar de decirnos que debemos tener todas las buenas cualidades que siempre vemos en los demás mientras ninguneamos las nuestras.

Quizá es el momento de abrir el puño y dejar caer esas piedrecitas que guardamos para autosabotearnos recordando lo que no somos, lo que no tenemos, lo que no alcanzamos, para centrarnos en lo que sí y disfrutarlo y ser conscientes de que también brillamos.

El año pasado alguien me dijo que me consideraba una persona muy inconstante y me acabo de dar cuenta de que cogí esa piedra y la metí en un saco que he cargado a mi espalda durante el año más duro que recordará esta generación. Y no me ha parecido justo. Porque, además, no es verdad. Pero siempre creemos que lo que opinan los demás de nosotros es más importante, más cierto, que lo que en realidad opinemos por dentro. No dejemos que nos pase.

Seamos revolucionarios y propongamos, para el próximo año, ser más buenos con nosotros mismos. Me parece una buena idea. Me parece que hará girar más suavemente el mundo.

175

## Tu nombre

Hay algo sagrado en decir tu nombre.
Una liturgia secreta.
Un credo que solo conozco yo.
Digo tu nombre y espero…,
espero que aparezcas de nuevo,
que llenes mi teléfono de mensajes…
hasta lo obsceno,
que necesites verme,
que te emborraches,
que te emborraches
porque cuando lo haces siempre terminas en mí.
Digo tu nombre y espero…,
espero que me mandes flores de nuevo,
que me llenes la casa de vino,
que demos vueltas sobre el colchón,
riendo,
jurando que siempre es mejor
cuando es contigo,
cuando es conmigo.
Digo tu nombre y espero…,

espero que me des motivos para odiarte un rato,
preguntarme cien veces por minuto
por qué haces esto,
por qué lo haces desde lejos,
por qué ahora no me siento suficiente.
Espero motivos para odiarte un poco,
porque son los mismos
que llevan un vaso de esperanza hasta mis labios.

176

## Terminar una novela

Echaré de menos el dolor de piernas. El no saber cómo ponerlas y terminar en posturas imposibles, como las de mis gatos cuando duermen.

Echaré de menos desaparecer sobre la faz de la tierra en un viaje hacia un Madrid que solo existe dentro de mi ordenador. Y las (mismas) canciones sonando a todo volumen en mis auriculares.

Echaré de menos mirar el reloj y decir «suficiente por hoy»…, y quedarme aún una hora más, porque de pronto los siguientes capítulos se ven más claros y… hay que tomar notas.

Echaré de menos levantarme a las cuatro de la mañana, precipitadamente, como las locas, en busca de un boli y un papel, sin acordarme de que en el móvil también puedo tomar notas.

Echaré de menos decir «¿Te puedo robar esa frase?» más a menudo de lo que me gustaría…, y en ocasiones en las que no debería.

Echaré de menos la nevera vacía porque no me acuerdo de comprar. Las botellas de agua con gas acumulándose en la cocina esperando a ser recicladas. El ardor de estómago por abusar del café. La sensación de que me cueste volver a mi vida, a la real, al mundo tangible, al menos media hora después de escribir.

Los echaré de menos a ellos, claro. A él y sus manos toscas, que casi siento que me tocan. A ella y el gesto con el que pellizca sus labios cuando está nerviosa y que temo que me ha copiado a mí.

Echaré de menos entremezclar en sueños su historia con la mía.

Así es como se siente terminar una novela.

177

## Aquella primavera

Era primavera y brotaban flores de todas partes, pero sobre todo de los domingos. De los teléfonos. De los balcones. De las botellas de vino que descorchábamos sin control. De tu risa borracha. Del rubor en mis mejillas cuando te desnudabas frente al teléfono. De mi boca, al gemir, tumbada, sobre la sábana de una cama en la que tú no estabas.

Era primavera y brotaban flores de las que añoro, sobre todo, sus colores.

178

## El país de las palabras vacías

En el país de las palabras vacías nievan «Te quieros» en cualquier estación. Los escaparates brillan con los «No te olvidaré» y «Nunca te haré daño» de oferta por liquidación.

El eco de los pasos sobre los adoquines suena a «Perdóname», «Lo siento», «No volverá a pasar». El viento que ulula en las esquinas silba al son de las canciones olvidadas de parejas que ya no lo son y nanas que no recordamos al crecer.

Y en la calle del «mañana empiezo», «esta vez es de verdad», busco la casa número «es mejor que no me escribas» para ver si mi llave sigue encajando en la cerradura y, al abrir, te encuentro diciendo que no lo harás mientras lo haces.

179

## El abandono

No sé por qué, pero crece en nosotros, desde bien pequeños, un terror casi primitivo al abandono. Primero, nos aterroriza la idea de perder a nuestros padres y, después, los tentáculos de ese miedo van posándose sobre todo aquello que roza la vida adulta. Nos da miedo perder a gente incluso cuando no nos trae felicidad. Cuando no da más de lo que recibe… ni lo mismo, en cantidad o calidad.

Tenemos miedo a quedarnos solos y llenamos los vacíos con un ruido que no nos deje pensar. Un ruido en el que no podamos preguntarnos si hemos aprendido, a pesar de todo, a estar solos.

Este año no pide propósitos. Es un año casi de subsistencia, de recoloque, de ir viendo. Aun así, si pudiera plantear algún propósito para mí, sería aprender a estar conmigo misma, como en esa canción de Elsa y Elmar, «Sola con mi gata», donde se respira una profunda paz. Paz en solitario, no para encerrarse en esas cuatro paredes de la autosuficiencia. No. Paz en solitario para disfrutar como debo de la compañía. Y buscarla solo cuando realmente me apetece. Respetar los vacíos propios con la ternura suficiente, sin autocomplacencia, pero con empatía también por el niño que sigue llorándonos dentro cuando el fantasma de la soledad acecha.

Este año no tiene propósitos, pero sí muchos retos.

180

## El valor de un abrazo

A la mierda la presión social, a la mierda las modas no inclusivas, a la mierda los prejuicios y los prejuiciosos, a la mierda la doble moral, a la mierda la superioridad intelectual y quienes la esgrimen.

A la mierda el juicio de valor vacío, que puede crear a quien lo usa la falsa sensación de que su vida queda más llena. A la mierda la falta de humor. A la mierda la gente que de tanto mirarse el ombligo se pierde dentro de él. A la mierda el miedo y la preocupación.

A la mierda todo, joder. Tú solo abrázame hasta que todo arda.

181

## De aquella noche en la que te creí un ratito

Una de las cosas que más temo es la esperanza inconsciente con la que me manchas los labios al besarme.

Y la sensación de caída libre cuando ya he decidido que esto va a acabar mal, pero yo voy con todo.

## 182

### El secreto de las mujeres fuertes

Las mujeres fuertes lloran. Madre que si lloran. Lloran porque las lágrimas, al fin y al cabo, vienen a sustituir a las palabras cuando estas no son capaces de abarcar significados.

Las mujeres fuertes se tropiezan y, bastante habitualmente, con la misma puñetera piedra. Piedras muy guapas a las que les sientan de vicio los jerséis grises de punto fino. Se caen, se pelan las rodillas, se rompen los vaqueros y, al levantarse, se sacuden y prometen no caerse de nuevo… o al menos levantarse otra vez si se caen.

Las mujeres fuertes dejan propósitos sin cumplir, no siempre se acuerdan de llenar la nevera o comprar tampones, tienen pereza cuando toca hacer ejercicio, compran ropa que nunca se van a poner, llevan braguitas con agujeros, a veces comen sobras frías de pie en la cocina o sueñan con ser mejores. Mandan mensajes que no deben o se emborrachan y dicen «Te quiero» en un bar a alguien a quien deberían haber olvidado. Suspiran mientras ojean revistas, deseando tener unas piernas de ensueño pellizcando un rollito de canela. Nunca se ponen crema en las manos y en ocasiones echan ropa a lavar por no doblarla y guardarla en su sitio. Lo que sí guardan, a veces, son libros en la nevera y el zumo en la estantería y pierden las gafas llevándolas puestas. Atrasan la visita al dentista… y al ginecólogo; dejan sonar el teléfono esperando que pare para mandar un wasap y gastan dinero en cosas que no necesitan porque les hacen sentir bien en el momento.

Las mujeres fuertes hacen muchas de estas cosas y algunas más porque las mujeres fuertes son fuertes, pero no son perfectas y tampoco es que aspiren a serlo.

Ah, por cierto…, las mujeres fuertes también se permiten ser débiles y ese es, sin duda, su secreto.

183

## Jurar en vano

Ayer juré en vano. A sabiendas. Salí de mi cuerpo. Me fui. Y cuando me pediste que te jurara que no me iría, que no me alejaría, que volveríamos a vernos, que no ignoraría tu existencia, que entendería tus decisiones y que te creería cuando me dijeses que me amabas…, yo juré contigo.

Juré.

Pero mentía.

Porque en el miedo atroz y la carne abierta, porque en el escozor y tu boca repitiendo «por favor» pegada a la mía, me sentí la mano que se aferra a una pared que la atrapa.

Una vez fui, junto a ti, la mujer que quería ser. Una vez, digo, porque en lo breve de este amor (breve, caduco, corto, sucinto, efímero, apenas una vuelta a las estaciones) no tuvimos mucho tiempo ni para soñar.

Hoy, sin embargo, esa mujer que quería ser y era contigo es justamente la que me pide que me marche. Y por las alas enormes que un día señalaste a mi espalda, en honor de ese momento en el que aún no éramos malos, me voy.

Que lo que valga la pena viva, baile, haga el amor, beba café y lea con los pies en el regazo del otro, en una vida que no tendremos, en una casa que jamás será nuestra.

## 184

### Un conjunto de frases sin sentido

Puede que al final el amor se reduzca a eso, a cómo te sientes tú, en tu piel, cuando estás a su lado. Y cuando no lo estás.

Me di cuenta de que el amor es como ver caer la nieve. Los copos que caen más cerca de la ventana parecen lentos. A unos metros, rápidos. Y, de vez en cuando, algo parece suspender la nieve en el aire antes de dejar que se precipite hacia el suelo. Con su propio ritmo. Con su cadencia.

No lo necesito. Solo me apetece.

Me pregunto a menudo si volveré a amar. O, más bien, si volveré a amar a quien me ame. Y amarnos bien.

185

# Tatuaje

Y cada uno de ellos contará un cuento en un idioma que solo entenderé yo. A mis oídos. Susurrando una historia preciosa y privada que envejecerá conmigo, bajo mi piel.

Hasta que solo seamos polvo y ceniza.

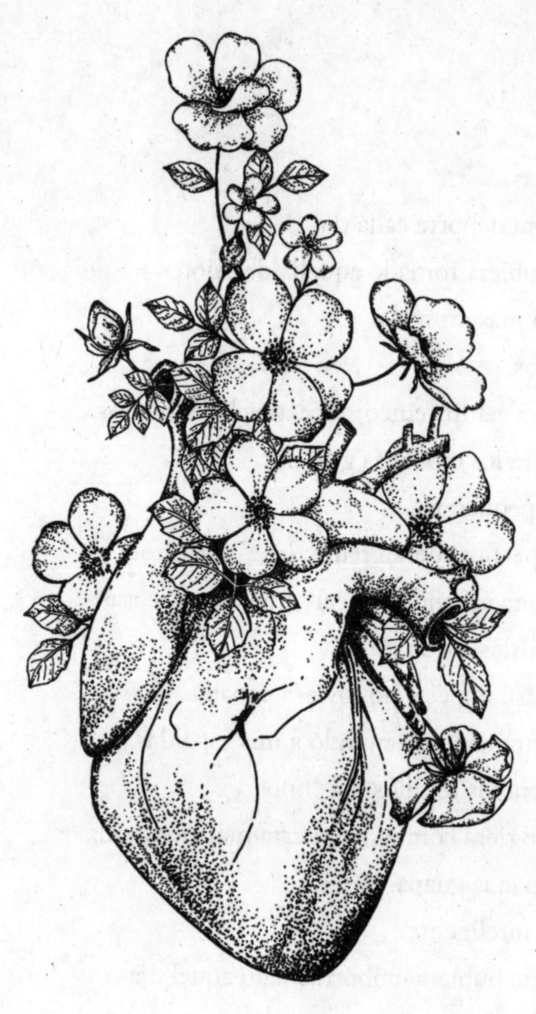

186

## Dejar de culparse

Y piensas…
Si hiciera deporte cada día.
Si no hubiera tomado aquella decisión.
Si fuera más atrevida.
O menos.
Si pesara veinte, cinco, doce, tres kilos menos.
Si tuviera los ojos más grandes.
O más pequeños.
Si mis pechos fueran redondos y perfectos.
Si hubiera aprendido a callarme ciertas cosas.
O a decirlas a tiempo.
Si hablase inglés y no tuviera papada.
Si cargara con más mundo a mis espaldas.
Si tuviera los tobillos más finos
y no me riera como una puerta mal engrasada.
Si fuese más guapa.
O más inteligente.
Si no me hubiera emborrachado aquel día.
Si no fumase.
Si mi pelo fuera de otro color.

Si tuviera otro trabajo.

Si fuese como «ella»…

De pronto te das cuenta de que no, de que a «ella» también le pasó.

Y encuentras la calma en saber que, quizá, llegó el momento de dejar de buscar formas de culparte por algo que nunca estuvo en tu mano.

187

## El de los domingos

Siempre imaginé que prepararías dos tazas de café cada vez que se te antojara uno y que dejarías la mía en silencio junto a mí, con un guiño.

Te imaginaba poniendo los ojos en blanco viéndome anotar frases o ideas en los márgenes de un libro, pidiéndome por favor que usase el iPad para eso.

Me imaginaba quejándome exasperada del calor de tu colcha fina de plumas en pleno agosto.

Que me tocarías el pelo mientras veíamos una película (siempre en versión original) o cuando corriera a tu regazo porque me da miedo la muerte.

Que jugarías con el dedo gordo de mi pie derecho cuando leyéramos juntos y en silencio en mi sofá, cualquier sábado por la tarde.

Que seguirías riéndote y llamándome «señorita dichos» cuando te respondiera con refranes. Que dirías mi nombre desde la cocina con la misma paciencia de la que hacías gala en tus notas de voz en septiembre. Que me metería con tus zapatillas chillonas y a ti dejarían de hacerte tanta gracia mis más de cien pares de zapatos. Que discutiríamos a muerte, cuchillo entre los dientes, para terminar follando contra la ventana de tu dormitorio.

Que inventaríamos una lengua nueva con la que entendernos siempre, hecha de paciencia, empatía y cariño, que se volvería sucia y húmeda por las noches.

Que no nos casaríamos nunca.

Pensé que me volvería loca tu manera de morir matando, que me llenarías siempre la casa de flores…, y yo la tuya de ruido y botellas de vino.

Que Menorca sería nuestro rincón en el mundo. Que no me cansaría de acariciarte los brazos. Ni las sienes. Ni el arco de esa nariz tan tuya.

Que tú no me quitarías las manos de encima y que, durante años, continuaríamos masturbándonos a escondidas en portales, como dos adolescentes.

Que interrumpiría mi trabajo, de vez en cuando, por ir a enseñarte las bragas.

Siempre imaginé. Siempre.

Y qué libre es una cuando imagina.

188

## Café Comercial

Qué curiosa y caprichosa es la memoria. He estado aquí, en esta cafetería, más de una docena de veces, como cualquier hijo adoptivo de la ciudad. Vine con «él», también con «ellas», con «ellos» y sola, pero, cada vez que me siento aquí desde hace unos meses, de lo único que consigo acordarme es de cuando vine contigo. Tú.

Una única vez valió para que el suelo se impregnara de tu historia, de la mía y de la que fue nuestra. Una única vez, sentados en la terraza, y todo el local huele a tu perfume, a caro, y la luz tenue me recuerda al tono bronceado de tu piel. Las conversaciones que rebotan en las paredes de espejo son la última discusión que tuvimos y las risas se convierten en el aplauso de consolación que el público imaginario me dedicó cuando te levantaste y te fuiste sin mirar atrás. Estropeé tu domingo, dijiste mientras saboreabas lo que quedaba de mi corazón entre tus dientes.

Qué curiosa y caprichosa es la memoria y qué firme mi propósito de sancionar su comportamiento y vaciar de oxígeno el espacio estanco en el que aún habitas en mí, hasta que de ti no quede más que aire. Más que la mueca que provocan un puñado de malas decisiones. Más que la cálida sensación que siento ahora cuando pienso en mí.

189

## Una década de aprendizaje

Mis amigas han desempolvado algunas fotos de hace una década y, más allá de los «qué jóvenes se nos ve» y el ya clásico «qué ganas de volver a viajar juntas», me han dado que pensar. No en nuestra amistad, que es tan longeva como maravillosa. No en todos los planes que nos quedan por trazar cuando el horizonte esté un poco más claro.

Lo que me ha dado por pensar es en si he aprendido lo suficiente en los diez años que separan esas fotos de la mujer que escribe esto sentada en el sofá.

He aprendido, claro. He aprendido que a veces los sueños se cumplen, pero tienen un precio. También que estar a zarpazos con el reflejo de tu espejo es agotador. Que lo que opinen los demás deja de importar un poco cada año. Qué tipo de ropa me queda bien y cuál fatal. Que los tacones de más de nueve centímetros me matan. Que hay personas que prometen cosas sabiendo que jamás las cumplirán. Que las emociones se reciclan. Que las cosas no pasan por algo, como si hubiera un destino ya escrito, pero que siempre sirven al yo del futuro, a quien construyen. Que el mar nunca deja de latirte dentro. Que la soledad es la habitación de un hospital, de noche. Que la tristeza es necesaria. Que la carcajada te cura las humedades de la pena, la autoexigencia y las expectativas no cumplidas. Que hay gente muy válida terriblemente cobarde, desconocidos capaces de entrar en tu vida con la técnica del butrón, amigos que se convierten en familia y recuerdos que se autodestruyen por tu propia supervivencia. Que nunca se lee suficiente… ni se abraza ni se besa ni se ríe ni se brinda ni se ve demasiado mundo. No hay exceso en aquello que nos hace bien.

Aprendí también una frase que repito a menudo: que el ego es un animal que cuanto más alimentas más hambre tiene y que es capaz de arrebatarle a alguien lo que realmente vale la pena.

Y que se puede amar de muchas formas. Y que los celos solo son inseguridad. Que quien bien te quiere jamás te hará llorar, que soy más fuerte de lo que pensé y me dijeron que era, que no se pueden hacer planes de futuro porque no somos dueños de las circunstancias, que nunca se aprende suficiente.

Puede que no sea mucho, pero algo es.

190

## Nadie

Que nadie te diga qué decir, qué sueños tener, cómo vestir, cómo andar, cuánto beber, cómo bailar, cuándo callar. Que nadie dicte el tamaño que deben tener tus alas ni lo alto que quieras volar.

191

## Vivir ahora

Y un día te cansas…

… de angustiarte y ahogarte con las expectativas de futuro…

… de esperar un «yo» mejor, sin faltas, perfecto…

… de creer que comprar la falda en una talla que te asfixia te motivará…

… de que el protagonista siempre sea el futuro…

… de conjugarlo todo en pasado o en condicional…

Te cansas de esperar…

… al viernes…

… a que se decida…

… a estar más preparada…

… a pesar unos kilos menos…

… o más…

… a tener más tetas…

… a poder comprar eso…

… a tener más ahorros…

… una pareja estable…

… algo que no ha llegado y que, con total seguridad (piensas), traerá la felicidad consigo.

Un día te cansas de creer que deberías ser constante y exageradamente feliz todos los días.

Y eres feliz en la calma.

Y no esperas.

Y los días se conciben de otro modo.

Y te cuidas.

Y te consientes.

Y no pierdes el tiempo.

Y eres consciente de que el viaje es solo de ida y que nunca volverá a ser hoy. Y eso puede ser increíblemente motivador.

Pisa fuerte, coqueta. Que tus zapatos (de tacón alto, bajo, plano, botas, zapatillas o plataformas) golpeen el asfalto sin esperar algo que no sea el ahora.

192

## Con todo lo que perdí

Con el tiempo que pasé odiando partes de mi cuerpo hubiera podido aprender otro idioma. Quizá chino. Aunque hubiera bastado un buen nivel de inglés.

Con todas las fotos que deseché en viajes por no verme bonita tendría un álbum fabuloso, en lugares increíbles. Visité islas paradisiacas, capitales bulliciosas, salté el charco, escuché otros idiomas, conocí gente, amplié mis horizontes. Pero la foto en la que salía fatal seguía importando lo suficiente como para sentirme triste.

Con todos los vestidos (cortos, de tirantes, ceñidos o vaporosos) que jamás me puse por vergüenza hubiera vestido momentos brillantes y recuerdos.

Con toda la energía que usé para decirme cosas feas, prohibirme placeres y castigarme mentalmente por la supuesta debilidad que supone ser humana e imperfecta hubiera podido construir un yo cómodo que me abrazara, que me hiciera sentir limpia dentro de mi piel y que no tolerara jamás que nadie le hiciera sentir mal por aquello que no soy. Porque hay muchas cosas que no soy, pero… ¿cuándo importaron más que las que sí?

Ah, el tiempo, qué herramienta de contraste y contradicción tan maravillosa. Porque a la vez que la piel se vuelve menos elástica, que aparecen las primeras arrugas, que se asientan las canas y la gravedad hace su trabajo, te miras en el espejo con una sonrisa y piensas: «Bendito cuerpo que me permite sentir tantas cosas».

El sábado me di una vuelta por Madrid con esta falda que, al andar, deja una de mis piernas al aire. Antes me hubieran preocupado muchas cosas; ahora… me hizo sentir guapa.

Más de lo que te haga sentir bien.

Al infierno con lo que te haga creer que aún no eres suficiente.

Por cierto, dicen que «los cuerpos de verano y biquini se preparan todo el año». Yo digo que todas somos cuerpos de verano y de biquini cuándo y cómo nos salga del papo.

193

## Estás en todas partes

No, no es verdad. No es verdad que estés en todas las canciones. Ahí la falta es mía. Ahí te coloco yo. Porque las palabras son entes vivos y libres que cazamos andando tras sus pasos y en las que encarcelamos recuerdos.

Hoy una canción me trajo tu nombre, y no lo dijo. Hablaba del aire y me sorprendió trayendo tu perfume caro a la habitación. Pero nadie lo olería más que yo, que soy verdugo y víctima del castigo de imaginarte hasta en lugares en los que no estás o no estuviste nunca.

Tan mentira es el rastro de ese perfume en mi escritorio como asegurar que todas las canciones hablan de ti, porque quienes las escribieron no te conocen. Pero yo sí. Y eso basta.

194

## Reina justa

Ya hace un tiempo que me cansé de acatar órdenes que solo sirven para silenciar vergüenzas que nos convierten en sujetos tan dependientes de la aprobación exterior como del oxígeno.

Soy mujer. Soy adulta. Soy independiente. Soy una buena profesional. Soy empática. Soy un ser sexual. Soy responsable de mi vida y a ella le debo cualquier explicación. Soy una gata en el tejado caliente de su propia historia y, si alguien la cuenta, seré yo, con palabras y actos.

Iré a la playa y me pondré en tetas, porque sí, porque me gusta, porque me siento libre. Me pondré la ropa que considere adecuada cuando considere que debo hacerlo. Pelearé por satisfacer mis necesidades, sean de la índole que sean, y no me avergonzaré si alguien, al abrir un cajón sin permiso (o con él), observa lo que guardo dentro. Y, por cierto…, usaré todos los filtros que me apetezcan, porque son divertidos. Y porque me sale de ahí.

Nuestra casa es nuestro templo. Nuestro cuerpo es nuestro templo. Nuestra risa es nuestro templo. Nuestra saliva es nuestro templo. De modo que nadie entrará a decirnos qué debemos o no hacer sin haber sido invitado. Nadie nos robará el sonido de las carcajadas y no vamos a desperdiciar saliva dando explicaciones a nadie.

Porque somos libres y nuestra libertad termina donde comienza la de los demás. Y eso implica que, dueños y señores de nuestra vida, reinaremos en ella con la diligencia necesaria que, de manera natural, no nos dejará ni un minuto de soslayo para juzgar el reinado del prójimo.

195

## Mujer otoño… o no

Siempre me consideré una mujer otoño, pero sospecho que tal vez me daba miedo pensar si quería o no ser primavera.

Y ahora, con los pies hundidos en ella, con flores hasta las rodillas, añoro las noches de verano con sabor a clara con limón y olor a piscina, sabiendo que, cuando llegue el calor, echaré de menos tumbarme en mi cama a comer fresas.

196

## El vórtice que fuimos

Aún había nieve en Madrid, pero tú no llevabas chaqueta. Me dijiste eso de que aquí nunca hace el suficiente frío, y yo pensé que nunca me pareció que vinieras, realmente, de un sitio tan cálido.

Hacía cuatro meses que no nos veíamos. Hacía tres días de nuestro último beso. El tiempo, el espacio, lo lógico y lo mágico se entrecruzaban siempre que estábamos juntos en un vórtice que terminaba en mi ombligo.

## 197

### La etiqueta de la mujer perfecta para…

La vida es un compendio de elecciones. Todos los días decidimos entre cientos de acciones, de opciones; algunas tontas, algunas vitales (y las vitales pocas veces se revelan como vitales cuando las tenemos de frente).

Hoy, al levantarme, mientras recogía la casa, me he puesto a pensar en que quizá (insisto, quizá) las mujeres nos enfrentamos a más elecciones de las necesarias, teniendo que escoger en la vida el papel que queremos representar dentro de nuestra feminidad, pero sobre todo frente al ojo ajeno. Supongo que al hombre también le pasa, pero hoy pienso en nosotras.

Dulce o firme. Madre o no. Apasionada o fría. Puta o santa. Y no porque busquemos cuál es la piel en la que habitamos con naturalidad, sino porque nos preocupa cómo nos perciban los demás. Y me pregunto por qué no podemos ser dulces sin que asuman debilidad, firmes sin que se nos acuse de brujas, maternales a pesar de no tener hijos o con nuestra propia visión de la maternidad cuando los tenemos. Apasionadas con aquello que nos toca por dentro y frías cuando nos protegemos de aquello que nos hará daño, sin ser acusadas de lo uno o de lo otro. Seres abiertamente sexuales, que disfrutan sin prejuicios sobre sí mismas y que, no obstante, no dejan de respetarse por hacerlo.

Hay una creencia muy arraigada: una mujer sexual, apasionada, que expresa su deseo y lo vive bajo sus propias normas... ¿no se respeta a sí misma? ¿Es la apetencia, en nuestro caso, una letra escarlata pintada con sangre en la frente y en nuestros compañeros una medalla al honor prendida al pecho?

Hace ya tiempo que determiné no decidir en ciertos casos. Yo quiero serlo todo según me levante y que nada de ello me defina en mi relación con los demás, solo conmigo misma. Abolir las etiquetas que hacen de una la mujer perfecta para algo determinado a ojos del que mira. No nacemos para ser madres, novias o la mujer con la que uno se acuesta. Nacemos para hacer con nuestra vida aquello que nos haga felices, sin que nadie deba juzgarlo.

Ojalá llegue el día en que lo único que realmente importe sea si somos o no buenas personas.

198

## Mi Madrid

Hay un Madrid mágico que se construye y reconstruye bajo los zapatos. Que abotarga cada rincón con tantos recuerdos que las esquinas son espacios polisémicos, milhojas emocionales, castillos de arena, de naipes y en el aire.

Un mismo cruce de calles para besar, llorar, oler, celebrar, abrazar, correr, rodar, reír, llegar y marcharse. Un montón de realidades solapadas en el tiempo, en un bucle que si las hace posible a la vez es porque se aúnan en el cuerpo que las vive. Y ese cuerpo soy yo.

Hay un Madrid mágico que se construye y reconstruye bajo los zapatos. Uno que es mío. Uno que soy yo. Y yo soy Madrid.

199

## Lo que yo quería ser

Cuando tenía dieciséis años quería ser guapa. Quería ser bonita, encajar, gustar, pero a poder ser sin tener que levantar mucho la cabeza, sin levantar los ojos del suelo. Por si acaso. Porque no lo era… o no lo era suficiente. No era como las que sí lo eran.

Ahora, con veinte años más, «guapa» me parece una palabra muy vacía. Algo que no quiere decir nada en sí misma. Sin matices, «guapa» es solo una palabra de cinco letras.

Yo lo que quiero es tener los ojos muy vivos. Que el fuego que siento que me lame las venas se vea crepitar allí al fondo, a la vista de cualquiera que quiera acercarse lo suficiente. Quiero ser una carcajada sonora, desafinada quizá, poco discreta, porque la risa de verdad no cabe dentro de la palabra «protocolo».

Que se me note en las comisuras de los labios que ando con la frente alta porque no es que dejara de temer al lobo feroz, es que me puse a aullar yo misma. Y me relamo después de gritarle a la luna, a la noche, a quien quiera taparme la boca. Y me gusta.

Quiero que mi cuerpo no me avergüence. Disfrutarlo con gloria, retorciéndome entre las sábanas con alguien que respete lo que significa la piel y la saliva. Que lo canse en el esfuerzo de averiguar dónde está mi límite, cuánto más puede darme, qué lejos puede llevarme.

Que la ropa que abraza mi carne prieta no hable por mí, sino de mí; de que me siento cómoda, de que me siento yo, de que me siento sexy, fiera, buena, mía. Que me divierte jugar. Siempre.

Escucharme (nerviosa, excitada, herida o profesional) siempre coherente. Capaz de extraer mi discurso del cerebro y de las tripas; que me hable el corazón.

Que a quien le guste le guste, aunque no me vea… hasta en una habitación a oscuras.

Que me encuentren porque se me oye hasta callada.

Que se acuerden de mí y sonrían. Que mi nombre tenga un sentido más allá de mi piel.

Yo, a los dieciséis años, quería ser guapa. Ahora solo quiero ser.

200

## El secreto de sentirse especial

La importancia del secreto reside en el pacto tácito entre la verdad y el silencio. Y es bonito. Casi siempre.

Tengo secretos tontos, inocuos, capaces de colorearme las mejillas de una manera ingenua; de esos que producen un estupor breve en la persona a quien se los confiesas, porque no entienden por qué son (o fueron) un secreto.

Tengo secretos más hondos a los que he sido incapaz de poner nombre durante años. Hay cosas que sabemos, pero que no nos hace falta nombrar. Los monstruos no necesitan tener nombre para dar mucho miedo. O quizá lo dan porque no lo tienen.

Sin embargo, en la era de la oda a la perfección, no quiero que el hecho de que a veces me sienta sobrepasada sea un secreto.

Hoy, en un día en el que he hecho cosas superemocionantes, que he trabajado con gente increíble, que he resuelto temas con profesionalidad…, me siento horrorosa. Sin paños calientes ni la voluntad oculta de buscar la reafirmación queriendo que me digáis lo contrario.

Si lo comparto es porque creo que nos pasa a todos. Que un día te levantas y dices «Hoy no». Y otros días sí, pero hoy no.

Y no pasa nada. Sin castigos ni flagelos. No pasa nada. Yo hoy me siento horrorosa, pero eso no puede condicionar la visión global que tengo de mí misma. Y por eso me preparo una ducha caliente, unos minutos para darme un mimo, wasapeo a mi mejor amiga, me pongo mi camisón preferido, me tumbo en el sofá y cierro los ojos, recordándome mentalmente que no debo hacerme daño, del mismo modo que me cuido de no hacérselo a los demás.

Nos abrazamos poco de piel hacia dentro. Sufrimos mucho por lo que otros pensarán, sentirán o dirán acerca de nosotros; sentimos miedo de ser reemplazados en otras vidas, pero no cuidamos aquello que nos decimos a nosotros mismos.

Hoy me siento horrorosa, pero he llegado a conclusiones hermosas: debo aprender a hablarme desde el amor y no regalar mi tiempo ni mi cariño a nadie con quien no me sienta especial. Y especialmente yo.

201

## Loca, valiente y libre

Llevamos prendida en la piel la sombra de la palabra «loca». Cuidado, no hables muy alto, no te rías, no salgas del camino establecido, no contestes, no sientas con demasiada intensidad, no hagas lo que te plazca con tu cuerpo, con tu vida, con tu voz…, no vayas a ser una loca. Loca.

Loca libre. Exprimiendo lo que es tuyo por derecho: tu vida.

La libertad da mucho miedo, incluso cuando es otro quien la ejerce, quien abre las alas y decide ser libre. De los prejuicios y juicios, libre para satisfacer apetencias, para buscar esa placidez momentánea y brillante, esa explosión de calor en las entrañas que, finalmente, compone lo que conocemos como felicidad.

Hasta para ser feliz hay que ser valiente. Para mirarse al espejo y no buscar lo que nos han dicho que está mal en nuestros cuerpos, hay que ser valiente. Para querer bien y fuerte, hay que ser valiente. Para quitarse las etiquetas, hay que ser valiente. Y para ser libre también, porque señalar a quien lo es con dedo acusador y llamarla loca, temblando de rabia y apretando los dientes, es tremendamente fácil.

Yo quiero ser una loca. Y que nadie me calle ni me convenza de que lo que veo no son colores, de que lo que oigo no es música, de que no debo besar o bailar, brindar y reír. Una loca a la que quieran decirle lo que debe hacer, pero a la que nunca encuentren.

Loca y libre.

202

## Salir de la cama

Las redes, en ocasiones, devuelven un reflejo poco realista pero verosímil. Una especie de juego de espejos en los que lo que flota en su superficie es solo feliz, alegre, completo.

No me gusta prometer nada que no podré dar, de la misma manera que, a pesar de mantener un perfil bajo en los momentos personalmente complicados, no me agrada dar la espalda a la naturalidad.

Y la naturalidad, hoy (y algunos otros días), es confesar que no quiero (no puedo) salir de la cama. Que salgo, claro, pero lo único que me apetece es arremolinarme bajo la colcha, apagar el teléfono y dormir.

Fatiga pandémica, quizá. Quizá solo estoy harta de un montón de cosas a las que es complicado ponerles nombre. Harta sin saber de qué. Un cóctel emocional de órdago que no me deja aturdida ni inconsciente; solo en carne viva.

Voy a traerme el café a la cama. Voy a llorar si me hace falta. Quizá hasta pinte. Todo lo que tenía programado esta mañana para sentirme productiva queda anulado.

Y es que hay días que uno tiene que hacer el esfuerzo de tener consigo mismo conversaciones dolorosas. Y encararlas con la misma valentía con la que escoge en la vida. Preguntarse, con cariño, «¿qué es lo que te pasa?».

Hoy parece un lunes de mierda, pero, sin este tipo de días, los buenos parecerían solo normales. Y…, si fuésemos normales, ¿qué nos haría especiales?

203

## 34 maneras de decir «Te quiero»

Siempre he creído que «Te quiero» no es solamente una fórmula aprehendida y aprendida, sino una acción. Se quiere queriendo. Pero hay tantas formas de demostrarlo…, de conjugarlo…, de hacerlo.

Y me ha apetecido reflexionar sobre las mías, pero también las de amigos, amantes y amores.

1. «¿Quieres un café?».

2. «Cuéntamelo todo».

3. «Toma este libro…, sé que te gustará».

4. «Escucha esta canción; la letra me recuerda a ti».

5. «No te necesito, pero no sabes lo mucho que te echo de menos».

6. «Vete unos días; yo me encargo de tus gatos».

7. «Me iría contigo hasta el fin del mundo».

8. «Agarrar tus caderas cuando estás encima de mí me recuerda al rapto de Proserpina».

9. «Eres rematadamente imbécil, pero acepto tus disculpas».

10. «¿Te acuerdas de aquella vez que…?».

11. «Siéntate ahí, sírvete un vino y cuéntame cosas…, yo cocino».

12. «Tranquila, estás en lugar seguro».

13. «¿Quieres estar sola?».

14. «Confío en ti».

15. «Contigo no tengo de qué esconderme».

16. «Estoy de camino. Llevo vino».

17. «Pon los pies en mi regazo y vamos a leer».

18. «Tengo miedo, pero no me voy».

19. «¿Vemos otra vez *Insidious?*».

20. «Tengo una sorpresa para ti».

21. Flores. En general.

22. Una piruleta de corazón.

23. «Todo va a salir bien».

24. «Ven cuando lo necesites; cuando te apetezca; esta es tu casa».

25. «¿Cómo estás?».

26. «¿Te llamo?».

27. «Ojalá te vieras con mis ojos».

28. Uno de esos abrazos lentos, oliendo al otro.

29. «Tener miedo es humano. Tenlo a mi lado».

30. «Tienes luz».

31. Pasar dos horas callada junto a alguien, haciendo cualquier cosa, sin que importe el silencio.

32. «¿Me cocinas una lasaña? Yo llevo el postre».

33. «Hay pizza fría para desayunar».

Seguiría así, así, así, durante horas, pero, como en el fondo soy una romántica de mierda, cierro con un clásico al que no le hacen falta florituras:

34. Te quiero… y ya no me importa que se me note.

204

## Todo aquello que haces bien

¿Cuándo fue la última vez que te dijiste cosas buenas?

No me refiero a «Hoy será un buen día».

¿Cuándo fue la última vez que te dijiste aquello que haces bien, lo bueno que vive dentro de tu pecho (o de tu cabeza), esas cosas que te hacen feliz de ti misma?

Yo sé abrazar muy bien. El abrazo me parece un arte y me gusta practicarlo. También tengo una risa contagiosa que mis detractores odian, pero que hace sonreír a quienes me quieren. Soy una buena madre gatuna. Y me oriento bien. Sé jugar con la palabra, con el verbo, y construyo imágenes con ello. Me gusto cuando lo hago.

Me adapto con facilidad. Quiero mucho y bien a mis amigos. No cultivo el prejuicio. Soy ordenada. Buena lectora. Muy cariñosa. Intuitiva.

Pero poco importan estas cosas si construyo mi discurso conmigo misma sobre los cimientos de mis asignaturas pendientes, manías compulsivas y defectos recurrentes.

El tiempo y la atención alimentan aquello sobre lo que los posamos. Elijamos bien más a menudo.

205

## Las cosas que me niego

Cuidarse también es no hacer la cama y lo estoy aprendiendo a mi edad.

Para alguien obsesionado con el control, no hacer la cama es un foco de ansiedad. A veces, como hoy, me obligo a no hacerla y a no mirar atrás. A no volver sobre mis pasos inmediatamente. A no entrar en el vestidor y colocarlo todo como «debe» estar… porque mi necesidad de control un día me va a asfixiar.

Cuidarse es ir a comprar y llenar la nevera de cosas buenas para uno. Y guardar en la despensa algo maligno con lo que permitirse pecar y que no pase nada. Disfrutar preparando una ensalada de tomates cherry con aceite del bueno o un gazpacho casero. Hace siglos que no lo hago. Mi nevera vive permanentemente vacía en una especie de rebeldía absurda, como un símbolo estoico del tiempo que no me dedico. Solo la lleno cuando vienen a verme. Qué gran metáfora.

Como los libros que tengo por leer, que distribuyo en estanterías para que no sean tan evidentes (otra muestra de un cuidado que no me doy). Como las velas que no enciendo.

Como la pintura que no mancha mis manos o los discos que no suenan.

Como los abrazos que no pido, las lágrimas que se empeñan en no salir, las preguntas que no hago, el cariño que no recibo y el «te quiero» que me niego tan orgullosamente en el espejo.

Cuidarse es dedicar tiempo a lo que nos hace bien, pero no siempre es fácil. No. No lo es.

206

## Lo intenté

Intenté volver a confiar, aunque no lo conseguí. Con los años, uno deja de ser tan valiente y se vuelve un poco más cuerdo.

Pero lo intenté. ¿No va de eso?

207

## Romper el molde

Media vida. Empiezo a ser consciente de que he pasado media vida queriendo encajar en un molde imposible.

Desde muy joven asocié mis formas con lo que estaba mal. Yo era así, pero había que cambiarme. Y lo intenté. Vaya que si lo intenté. Porque no iba a merecer amor si no lo hacía; porque qué iban a pensar de mi constancia si no lo hacía; porque qué iba a pasar con lo que sí tenía de mi lado si no lo hacía.

Voy tarde para aceptar lo que hay en el espejo, pero, claro, soy consciente de que hay días que es cuestión de nadar a contracorriente. Porque siempre me quieren vender algo para que «solucione mi problema». Mi problema, para algunos, es ocupar más espacio que la media. Y por eso yo debo callar si me gritan gorda por la calle, si alguien desde las redes sociales me ofrece la nueva dieta milagro creyéndose con derecho a hacerlo, si recibo un mensaje diciéndome que ya puedo ponerme a hacer ejercicio o «a ver cómo cazo a un hombre» («cazar a un hombre» es, probablemente, una de las expresiones que más asco me da en el mundo). Si me dicen «Es que sabes sacarte mucho partido». Si me llaman guapa de cara.

Si me preguntan si he adelgazado, porque me ven más guapa. Si alaban mi «valentía» por ponerme ciertas prendas. Si noto que tengo que demostrar constantemente que también me siento deseada por otros ojos. Si se me dan consejos que no he pedido y opiniones que no me importan sobre mi cuerpo. Me tengo que callar. Y ya no quiero y no me apetece hacerlo.

Llevo media vida intentando encajar y ahora, a esta edad, descubro que ya no sé lo que quiero, pero desde luego encajar no me quita el sueño. Probablemente solo tengo ganas de quererme desde el más profundo respeto.

Por el respeto al cuerpo ajeno. Por la diversidad. Por llenar la palabra «belleza» de significados que no tengan que ver con las modas. Por eso y por más, arriba.

208

## Soñar contigo

He soñado contigo. No, no te asustes, nada romántico. Aún no hice las paces con esa parte de mi cuerpo.

¿Y qué pasaba en el sueño? Vamos…, ya me conoces.

He soñado con hacer nudos. Con deshacerlos. Con tender ropa limpia al sol y ver cómo gotea sobre la hierba. Con partir los gajos de algún cítrico con los dedos y comerlos despacio.

Soñé con tinta secándose. Con meditar a media voz, en una letanía repetitiva. Con respirar profundo. Con contar desde cero hasta diez y de diez al infinito.

He soñado con amontonar telas suaves y el baile que la gravedad les aplica hasta que llegan al suelo. He soñado con algo frío, con algo caliente y con quedar templada.
Con temblar.

Sí. Eso he soñado.

209

## Nuestros regalos envenenados

Piénsalo; solo nos hicimos regalos envenenados. Esas cosas que sabes, cuando das, que no habrá manera de olvidar. Que no se pueden tirar. Que no se pueden quemar, aunque ardan. Que siempre estarán, aunque sea la ausencia la que los haga más evidentes.

No se puede regalar una imagen. No se puede suplicar al oído que guarde el recuerdo de cosas que no han sucedido. Es regar con cicuta la memoria. Es darle a la imaginación una droga de diseño.

No se puede regalar una canción después de hacer el amor y esperar que el otro la olvide. Porque, aunque la intención sea encapsular un momento de placer en tres minutos de éxtasis y melodía, uno sabe que, cuando las cosas se pongan feas, cada nota será una bomba de racimo.

No se puede regalar la foto de los atardeceres que no viviste conmigo y dejar en el aire, suspendida, la idea de que cuando lees son mis pies los que quieres en tu regazo.

Y, aunque probablemente el regalo más envenenado fue escribir a fuego y entrañas y mandártelo por correo, sigo pensando que no…, que no se puede. Y quizá por eso morimos por fuego amigo.

210

## Para ser más feliz

Pensamos muy a menudo en aquellas cosas que deberíamos alcanzar para poder ser más felices. Demasiado a menudo, quizá. Tener «equis», ser «y», mejorar en «zeta».

Pero… ¿qué hay de aquellas cosas que ya nos hacen felices? Últimamente pienso mucho en ellas.

El idioma propio que se genera con los amigos.

Ver una película que te gusta por enésima vez.

Quedar para desayunar un sábado cualquiera en algún sitio bonito.

Escuchar una canción diecisiete veces seguidas porque sí.

Disfrutar del cuerpo sin juicios.

Una revista de moda.

Buscar vestidos para la boda de una amiga.

Oler a alguien mientras lo abrazas con los ojos cerrados.

Una mano que estrecha la tuya en mitad de la noche.

211

## Aprender

Este año mi único propósito es ser compasiva conmigo misma mientras aprendo. Aprender sobre los apegos. Sobre no desear cambiar a nadie. Sobre las infinitas formas de querer. Sobre mis propios límites, que ayudan a trazar el mapa de mis afectos. Sobre las vidas que me quedan por vivir (microcosmos, universos diminutos sin una duración determinada).

Estoy aprendiendo a fluir. A saber decir: esto me preocupa, esto me duele, esto me gusta, lo quiero. Estoy aprendiendo sobre mi cuerpo, sobre mis entrañas, sobre mi cerebro.

Y es un camino tan duro como precioso que me produce una ansiedad tremenda y, a la vez, me hace feliz. Porque soy feliz en el esfuerzo de no contentarme con vivir la vida a medias.

Yo decido sentir a lo grande. ¿Qué es lo que quieres tú?

212

## Probablemente ya lo sabes, pero…

1. La paciencia es una virtud con la que puedes no nacer, pero que se cultiva. Y vale la pena el esfuerzo.

2. El mejor regalo que puedes hacerte a ti misma es la honestidad, aunque todo lo que tengas que decirte te lo digas en silencio.

3. Nunca te va a gustar al cien por cien lo que ves en el espejo…, aunque tienes que ser consciente de que es muy probable que, en tres, siete o quince años, encuentres fotos y pienses: «Con lo bien que estaba y lo poco que me veía».

4. Si quiere verte, buscará el hueco. Y no supondrá un esfuerzo.

5. Viajar, leer, escuchar. No creo que haya manera más infalible de conocer el mundo y curar la ignorancia en la que crecen los odios.

6. Invierte en un vestido negro. Midi. De corte clásico. Lo usarás toda tu vida.

7. La única manera de volver a intentar algo que siempre sale mal es cambiando la forma de abordarlo. Para conseguir un resultado diferente, no puedes seguir haciendo lo mismo.

8. Aprende a estar sola. No necesites. Sé capaz de escoger.

9. Sé libre. No te juzgues. Prueba. Experimenta. Arriésgate a equivocarte.

10. Antes o después van a romperte el corazón, y va a doler. Pero ver cómo se cura una cicatriz es lo más gratificante del mundo. Y te hace crecer.

11. El primer nombre que te cruza la cabeza cuando ves una estrella fugaz, aunque no creas en pedir deseos. Esa persona.

12. Aprende a decir no. No puedes contentar a todo el mundo. Ni gustarle a todo el mundo, por cierto.

13. Practica la practicidad.

14. Sé puntual. No es por elegancia, que también, es por empatía.

15. Regala cumplidos. Pero no hagas la rosca ni seas falsa. Di aquellas cosas bellas que piensas de los demás.

16. No urdas estrategias. Ni para contestarle un mensaje ni para hacerte la interesante ni para nada. Sé tú. Por favor, sé tú. Y, si no sale, no tocaba.

17. Busca un rincón del mundo al que volver cuando te pierdas.

18. Busca una canción que te encuentre cuando no te sientas.

19. Busca un recuerdo en el que guarecerte cuando no seas capaz; uno de esos que te recuerdan que sí lo has sido. Que sí lo serás.

213

## Personas

Hay personas que llegan a tu vida para hacerte reír. Ay..., esas son de las buenas. Si algún día se van, dejan a su paso un reguero de margaritas que el tiempo no marchita.

Hay personas que llegan a tu vida para romperla, para hacer añicos las certezas y que entre los cascotes de los edificios derrumbados construyas una nueva civilización. Y que sea la tuya.

Hay personas que llegan a tu vida para poner el diez en la escala de lo loca que puedes volverte por alguien. Y te roban la respiración y no te acostumbras jamás a su presencia y te hierve la sangre y te arde la piel con la yema de sus dedos. Estos, muchas veces, pertenecen al grupo anterior.

Hay personas que llegan a tu vida para hacerte sentir la piel. Para dibujar un mapa sobre tu cuerpo, poner ahínco allá donde el placer te haga sentir más viva y dejarte sobre la cama con un beso y una sonrisa y... en medio de un trance. Un trance feliz.

Hay personas que llegan a tu vida para que te comprendas. Para entenderte. Para quedarse a tu lado, no importa cómo de fuerte sople el viento.

Otras, sin embargo, llegan a tu vida para marcharse tras un tiempo y dejar bajo la alfombra de su nombre un puñado de lecciones.

Hay personas que llegarán a tu vida, pero, recuerda, siempre, mi niña, que no nacieron con el sino de formar parte de la tuya. Solo están viviendo.

## 214

### ¿Qué será en realidad la intimidad?

Si alguien me pregunta, el amor se construye sobre la intimidad. Hay muchas otras piezas, claro, pero la intimidad es, en mi opinión, la esencial. La masa madre. El perfecto caldo de cultivo. Una polisemia maravillosa, enmarcable en cualquier tipo de amor. Porque…

Intimidad es mostrarse vulnerable. Es dejarte ver tal y como eres. Es verbalizar los apegos y los miedos. Es esa amiga que te dice que tienes un moco y la madre que solo tiene que verte para saber que no todo anda como debería.

Es un puñado de minutos apoyada en el pecho de alguien después del sexo. El silencio en compañía (lujo extraño que no con todo el mundo sabe dulce). Es una canción que hace sonreír a dos personas sin que nadie más sepa dónde está la gracia.

La intimidad es confesar que te han roto el corazón y que la otra persona no prometa reponerlo o sacarte a bailar para olvidarlo. La intimidad es esa mano que se apoya en la tuya y te dice «Llora cuanto necesites». Y que tú llores.

Es un libro leído en la playa al atardecer, cuando ya no hay nadie. Es mirarse a los ojos. Es poder decir «No estoy cómoda» o «No quiero esto» o «No lo tengo claro» o «Abrázame» o «Acaríciame» y también un «Dame placer». Que te digan «Quédate a dormir».

Intimidad es tener la confianza suficiente como para contarle que has descubierto que estás roto, pero no decírselo porque no quieres que forme parte del vacío. O decírselo, pero cuando lo necesites. No antes. No después.

La intimidad es el típico juego cuyas reglas ni siquiera es necesario explicárselas a un niño, porque las ejerce con naturalidad, pero que se vuelven más y más complicadas con el tiempo. Con los años.

Quizá la intimidad sea una playa vacía. No lo sé. Hay demasiadas palabras apuntando en su dirección y yo hoy ya estoy cansada.

## 215

### La trampa de tirar la toalla

No se me da bien tirar la toalla, pero no en el buen sentido de la palabra. Me obceco. Soy cabezota. No sé, en muchos casos, dejar ir o cuándo se tiene que dejar de pelear.

Unámoslo a la enfermedad de nuestro siglo (la ansiedad) y a la tendencia a sobrepensar, y el resultado es un infierno de creación propia.

Hasta que el cortocircuito quema la instalación y al apagar el fuego los sistemas se ven afectados. Y se abre una ventana al «Se acabó. Empezamos de cero».

Hay algo placenteramente liberador en tirar la toalla. Darte cuenta de que no puedes mantener el control, de que no eres dueña de las circunstancias, de que no todo puede ni debe ser como sueñas que sea. Como te exiges que sea. Y dejas marchar.

Al cansancio de haber intentado a toda costa que saliera bien le sigue una bocanada de aire. El convencimiento de que no vale la ansiedad que intercambias como moneda. La certeza de que estarás bien. La sospecha de que no hay nada malo en ti, de que no estás rota, de que no tienes que cambiar para que alguien se quede, de que solo estás donde no debes o exigiéndote ser una vasija preciosa e inmaculada que se obstina en no enseñar las grietas. Y mandas a cagar… poco a poco. No es inmediato. Date tiempo.

Un día algo hace «crac» y un tiempo después te sientas frente al espejo y sonríes porque has perdido algo, pero no a ti misma. Y te queda mucho tiempo para vivir sin el peso de sobrevivir a la asfixia que te impones tú misma.

216

## Gata

Mi animal espiritual es un gato. Lo sigo por las azoteas, saltando de tejado en tejado. Lo veo lamerse las patas con coquetería. Lo veo advertir la emoción, el fuego y el peligro; lo veo en sus pupilas.

Mi película preferida es *La gata sobre el tejado de zinc* desde antes de entender la metáfora de su título. Ese zinc caliente bajo las patas. Los bigotes al viento. El cuerpo en tensión.

Guardo un puñado de canciones en una pequeña y privada lista de Spotify que se llama «Ratos gatos». Es música para el animal que llevo dentro, para amansarlo, para calmar su maullido, para que deje de perseguir pajaritos desde el otro lado del cristal.

Soy gata desde bien pequeña, aunque yo no escogí este fuego.

## 217

## Mis hogares

Lo importante, probablemente, nunca fueron los lugares. Mi casa, en realidad, está donde estén mis padres, donde pido consejo y pregunto los porqués que solo pueden ser respondidos desde sus voces, que te explican el mundo y que siempre, tengas la edad que tengas, serán tus héroes.

Mi casa es donde estén mis gatos. Y mis amigos. Mi casa estará donde yo me encuentre, donde pueda leer tranquila, donde me siente a escribir a pecho descubierto, donde me quieran y yo ame.

El hogar, ese concepto, está en el pecho y no es un lugar, son las personas con las que, más allá de compartir tiempo, compartes vida.

218

## Mi vulnerabilidad

Hace unos días me mostré vulnerable frente a alguien y sigo dándole vueltas a la idea de que ese momento de confesión espontánea podría haber hecho que esa persona cambiase su manera de verme.

Porque… ¿cómo quiero que me vean? Fuerte. Resiliente. Cada día más libre. Emocional. Profesional. Empática.

Hablando sobre ello con una buena amiga, llegamos a la conclusión (o más bien fue ella quien apuntó a la evidencia y yo asentí) de que ligamos la vulnerabilidad a lo negativo.

¿Es lo vulnerable, débil, quebradizo, pusilánime, carente del atractivo de una personalidad bien formada? En ningún caso. ¿No puede una mujer fuerte saber apuntar con una sonrisa hacia sus zonas oscuras para tratar de que entre luz? Claro que puede.

Soy fuerte. Lo he aprendido con los años. También tengo un carácter muy marcado, mucha confianza en aquellas cosas en las que tengo seguridad. Soy risueña. Tengo sentido del humor. Y curiosidad. Soy firme en mi trabajo y en la toma de decisiones, aunque en ocasiones tarde un poco en acatar mis propias leyes.

Nada de esto se diluye en mi vulnerabilidad. Porque no es más fuerte quien nunca se ha roto; no restemos poder a la honestidad de ver los pedazos y señalar «Aquí me rompí yo».

219

## Y es el papel donde siempre encuentro consuelo

Esa sensación de vacío y vértigo que solo es saciable con dos placeres concretos. Porque puedes beberte el pánico, pero eso no lo elimina de tu estómago. Porque puedes comerte la ansiedad, aunque eso no hará que la mastiques con facilidad. Porque puedes follarte a la incertidumbre, cabalgándola hasta que te falte el aliento, sabiendo que volverá a instalarse en tu pecho en cuanto se esfume el placer.

Sin embargo…, esa sensación de vacío y vértigo es saciable. Lo sabes. Lo has sentido.

Y te lanzas con los ojos cerrados hacia el papel. Para leer. Para escribir. Para gozar del placer del que nunca regresas siendo la misma persona; del que siempre vuelves sabiéndote más.

## El sonido de la decepción

A veces me imagino que la decepción suena a copas de cristal rompiéndose sobre el linóleo de un suelo cualquiera.

O al retumbar del eco que produce una puerta vieja mal cerrada.

Quizá sea así porque cuando me siento decepcionada algo en mí se rompe de manera irreparable. Jamás vuelvo a confiar por más que me empeñe. Es el miedo al dolor, supongo. El miedo que le tengo a tener miedo.

Es como si una ráfaga de viento empujase una ventana cuya madera hinchada no le permitiese ya encajar en su marco desde hace tiempo. Y el aire que entra, arremolinando en el rincón hojas secas y polvo, se lleva de vuelta al exterior la calidez que la estancia guarda.

Mucha poesía, al fin y al cabo, para algo como la decepción, que siempre está agazapada esperando el momento, prendida, sobre todo, de nuestros ojos.

La decepción, eso hay que asumirlo, es nuestra y nosotros debemos hacernos cargo de ella, porque casi siempre es la hija que tuvimos junto a nuestras expectativas.

Nada ni nadie está en el mundo para cumplirlas. Los demás, como nosotros mismos, solo viven. Y aquí todos estamos probando a ver cómo se hace.

Sí. La decepción, de tener sonido, probablemente sonaría a un cristal haciéndose añicos, pero es un ruido que solo llega a un oído.

## 221

## La búsqueda de la belleza

Creo firmemente que es uno de los propósitos de la vida. Buscamos la belleza casi sin darnos cuenta, casi sin darnos tiempo de pensar en ello. ¿Dónde está la que yo espero encontrarle a la vida?

– En mis gatos cuando duermen. O cuando esperan a que salga de la ducha los tres juntos, acostados en el suelo frío del baño.

– En el encaje de un body debajo de mi blusa blanca. Saber que está ahí, aunque solo se entrevea y nadie se vaya a fijar. Saber que cuando he abrochado los botones de la blusa he pensado en lo bonito que quedaba ese contraste sobre la piel.

– En el olor a lluvia que trae el viento, cuando las nubes cruzan el cielo preñadas de agua, oscuras y densas, pero la tormenta aún no ha descargado.

– En una canción que, aunque ya conocía, escucho cinco veces seguidas, sorprendiéndome porque me había pasado desapercibida esa frase.

– En pintarme las uñas de los pies de un color bonito.

– En la risa de mis amigos cuando cuento algo que me hace mucha gracia.

– En un abrazo. Oh, sí. Un abrazo. Apretado. Breve o largo. Pero un abrazo de los que se dan con ganas. Y que no tienes que pedir.

– En el consejo de un amigo. Anoche me dijeron que, tanto en los buenísimos como en los malísimos momentos, uno debe repetirse «Todo esto pasará».

– En la calma y la agitación que siento, aunque sean emociones antagónicas, cuando empiezo un nuevo libro.

– En que alguien a quien tengo ganas de ver tenga ganas de verme también. Y que se nos note. Y que nos entre la risa al encontrarnos. Ah, bendita gente, qué bonito es esto.

– En prepararme un vaso de agua con gas, con hielo y una rodaja de limón. Todo con mimo, con esmero y solo para mí.

– En cantar en la ducha. Y mientras cocino. En acordarme de cocinar para mí. Comprar cerezas. Atrasar la compra de la sandía porque pesa demasiado.

– En cambiar las sábanas y leer en bragas sobre la cama antes de dormir.

La belleza está en muchos lugares, aunque nos empeñemos en buscarla habitualmente solo con los ojos.

222

## Empieza la temporada

Empieza la temporada de entrar en Instagram y ver cuerpos perfectos. Biquinis preciosos. Combinados estéticamente maravillosos sobre fondos marítimos. Siluetas esculturales tomando el sol sobre la cubierta de un barco que surca el Mediterráneo. Los biquinis de tiro alto son al verano lo que los ceñidos atuendos de esquí son al invierno.

Pero está bien. Que nadie lo lea como una crítica. No. Todo lo contrario. Está bien. Está tan bien que esa chica de cuerpo impecable pose en un barco como que yo luche contra la lycra del bañador que recogerá mis carnes para mojarme el culo en la piscina de mis padres o de cualquier amigo que me la ofrezca un rato.

Que la cerveza con limón te hinche la tripa hasta que parezca que estás gestando un bebé de cebada. Que no digas que no a la paella junto a la playa. Que no te subas a un barco porque no tengas la oportunidad o porque te marees o porque no te apetezca. Que te rocen los muslos al andar. Que tengas celulitis. O estrías. Que no tengas planes glamurosos para el verano ni churri con quien compartirlo. Que la operación biquini te haya pillado mirando a otro lado. Que no te quepa la ropa de verano del año pasado.

Está bien. Igual de bien que el hecho de que este año estés cañón, que tengas la tripita plana, que los vestiditos cortos favorezcan a tus piernas kilométricas o que, seas como seas, poses feliz con una braguita brasileña, en el mar Caribe, sujetándote los pechos para la foto con las manos y con tu bolso de marca apoyado en la hamaca. Eso también está bien. Todo está bien.

Recuerda: no te compares. No dejes de hacer planes por avergonzarte de tu cuerpo (un respeto a tu cuerpo, que gracias a él sientes placer, recorres mundo y perreas hasta abajo). No critiques a la mujer de al lado por ser diferente.

Porque para tener un cuerpo biquini solo hay que tener un cuerpo y un biquini. Y da igual si planeas las vacaciones a lo Kardashian o a lo Paco Martínez Soria.

Está bien.

Estamos bien. Todas. Juntas. Hermanas.

## 223

### Y debería llamarse peligro

Usa un perfume que te hace salivar. Y lo sabe. Huele a sábanas, a brindis, a coquetear, a follar a toda prisa sin tener prisa en absoluto.

Es uno de esos hombres que no deberían oler como huelen.

Sabe a vino blanco. No demasiado afrutado, no demasiado seco. Cae frío garganta abajo, pero siempre produce calor.

Es uno de esos hombres que es un poco fuego.

Suena a una canción de Lenny Kravitz de finales de los noventa. Ni siquiera sabes si le gusta Lenny Kravitz. Pero suena a la cadencia sensual de una canción que probablemente aprendiste antes de saber lo que significaba.

Es uno de esos hombres a los que puedes permitirte oír, pero no deberías escuchar.

Tiene el tacto áspero de esas cosas hacia las que te sientes atraída, pero que sabes que no son para ti. Que no duran.

El tacto de una barba de tres días irritando tu piel. El tacto del vello de un pecho en el que alguna vez has clavado las uñas.

Es uno de esos hombres con tacto hipnótico: cuando lo tocas, cuando te toca.

Es bello. Es bello como lo son las cosas peligrosas, esas de las que los cuentos te enseñaron a no fiarte. Pero brilla. Le brilla algo dentro y se le escapa por los ojos.

Es uno de esos hombres que te convierte en polilla; que está condenado a abrasarte.

Te diría que huyeras, amiga, pero… ¿me escucharías?

224

## Ella

Le gusta cantar en el coche. Y conducir. Sobre todo sola. Piensa mucho al volante.

Se siente tonta a menudo. Es terriblemente sensible (demasiado). Tiene tendencia a sentirse pequeñita, quizá por eso le guste tanto el sonido de los tacones sobre el pavimento. Le hace sentir segura, aunque no lo es. No lo es del todo.

Tiene vicios, claro, como todos. Y sueños. Tiene muchos sueños. Desde siempre vive más dormida que despierta. Tiene el propósito de hacer de este un viaje apasionante.

A menudo se busca en canciones. Se pregunta si alguien pensará en ella al escuchar algunos temas. A veces, incluso, desearía que hablasen de ella, cuando no está, como canta la letra de algunas canciones. «Niña voladora» o «De las dudas infinitas» la transportan a ese sentimiento. A ese «ojalá alguien», «ojalá yo».

Hace malabares. En una mano la ingenuidad con la que nació y con la que aún mira. En la otra, el cinismo que le van dejando los años.

Dice mucho «Lo siento» y, a veces, no sabe por qué. Quizá porque teme que no perdonen lo que la hace humana, lo que la hace chiquitita, lo que la rompe.

Le da miedo el miedo. Le da miedo morirse. Le da miedo el olvido. Y capaz de recordar en detalle, a veces, olvida. Y, cuando quiere olvidar, solo recuerda.

Cientos de monos saltarines gritan como locos en su cabeza, en su pecho. Intenta ordenarlos, hacer de sus alaridos un coro del que ella lleve la batuta, pero no es un secreto que casi siempre solo consigue una tremenda jaqueca.

Quiere aprender, quiere recorrer el mundo, quiere reposar los pies en el regazo de alguien que la ame incluso cuando ella no tiene ganas de hablar.

Obsesionada con lo bello, con lo que hace cada día transitable. Esa búsqueda de la piedra más redonda de una playa. De la mirada menos pensada. Del gemido honesto.

Pobre pequeña, niña aún en un rincón dentro de su cuerpo, cogiendo asustada de la mano a la mujer en la que se ha convertido, con la esperanza de que mañana todo sea más comprensible. Que todo sea. Y ella. Y ella.

## 225

### Porque de eso va

Baila.

Despéinate.

Anda descalza. Aunque se te ensucien los pies. Canta desafinando. Baja la ventanilla del coche. Dile a alguien que te gusta mucho su ropa, su sonrisa, su pelo.

Escoge un destino y hazlo tuyo, aunque solo sea en tu imaginación.

Enciende cerillas solo para olerlas. Adopta a un gato, a un perro, a un conejo. Lo que quieras.

Regálate momentos. Date lo que te ayudará a conseguir lo que quieres, no lo que te encanta. Pero, aun así, sé un poco hedonista. Paladea, acaricia, cierra los ojos.

Sé kamikaze siempre que tengas claro que apechugarás con las consecuencias.

Trota. Ríe. Báñate desnuda. Escríbele a alguien a quien quieres solo para hacérselo saber. O envíale una canción. Deséale un deseo concedido.

Escápate. Disfruta del silencio. Y del viento. Dibuja figuras en el cristal empañado de una cerveza. Gímele al oído a alguien. Dile que te gusta que te aguante la mirada en ese momento. Ese.

Haz una lista de las cosas que quieres. Luego otra con las que mereces.

Cocina. Come sandía en una playa. Ensúciate las manos. Pinta, aunque sea mal.

Danza, aunque sea sin ritmo.

Vive. Sin más. Tú vive, porque de eso va.

226

## Saber amordazar esa voz

Dile que se calle.

A la voz maligna y obsesiva, mentirosa, de la ansiedad.

Que pare ya.

Porque no, porque no te odian. Porque no hiciste nada mal. Porque no fuiste demasiado lejos. Ni te quedaste corta.

Porque la ansiedad te dice una cosa y la otra también te habla y, aunque incompatibles, te crees ambas.

Te dice que no te explicaste. Que pudo entender algo que iba más allá de tu intención. Que se alejará.

La ansiedad quiere que creas que estás sola. Pero no lo estás.

Así que tú solo dile que se calle ya.

227

## Confía en mí, lo mereces

Mereces ser querida.

Confía en mí, lo mereces.

Todas esas cosas que frente al espejo te avergüenzan. Todas esas cosas que soñaste tener y que aún quedan lejanas. Todas esas cosas que no eres. Todo da igual; mereces ser querida.

Aunque alguien te abandonara alguna vez. Aunque te rompieran el corazón. Aunque sientas que siempre serás una estación de paso. Mereces ser amada.

Aunque te creas demasiado pequeña. Aunque te sientas desbordar sobre las medidas de lo socialmente convenido. Aunque sientas que todo eso es para otros con más suerte, más bellos, más jóvenes…, mejores.

Mereces el amor que deseas.

Que alguien te mire y te vea. Que alguien te oiga y te escuche. Que alguien te toque y te sienta.

Lo mereces, créelo. Hazlo. Hazlo porque dicen que aceptamos el amor que creemos merecer, y ya estamos grandes para medios amores, medias vidas y la mitad de lo que ansiamos.

228

## Mandamientos para ser más feliz

1. No envidies. No critiques. No receles. No quieras lo que tienen los demás por el mero hecho de que tú no lo tienes.

2. Sé honesta contigo misma. No te digas no si es que sí. No te digas sí si sabes que será no.

3. Cuida a tu gente sobre todas las cosas. Abraza. Los días no tienen freno y el tiempo es finito.

4. Rodéate de cosas bellas. Pequeños detalles bonitos. Tómate el tiempo de apreciarlos.

5. Tómate tiempo, así, en general: para hacer lo que te gusta, para descansar, para vivir, hasta para emprender la labor más tediosa.

6. Háblate bien. Con cariño. Lo estás haciendo lo mejor que puedes. Eso a veces es mucho más que suficiente.

7. No creas todo lo que oigas. No creas todo lo que te digan. Ni siquiera si es tu cabeza la que susurra.

8. No te tomes demasiado en serio. Con respeto, claro, pero pon en órbita tu peso comparado con el cosmos.

9. No dependas de nadie. No necesites. Escoge. Lo que hacemos por libertad siempre sabrá más dulce.

10. Permítete equivocarte. Con personas. Con proyectos. Con la colada de la ropa blanca. Permítete confiar demasiado. Bajar la guardia. Meter la pata. Creer en alguien que solo vende humo (y comprarle un poco). Fallar.

11. No intentes mantenerlo todo bajo control. En ocasiones, es en el caos donde nace la magia.

12. Aprende a soltar. Deja ir. Nunca retengas a nadie. Mantén todas las puertas abiertas. Porque, si se quieren ir, es mejor no tenerlos dentro.

229

## Esa lista de cosas por hacer

Tener un bar preferido en Huertas.

Volver a bailar, aunque sea en la cocina.

Aprender a decir no. Hasta aquí. Por aquí no paso. Estoy cansada. Esto no suma. Vamos a dejarlo estar.

Y dejarlo estar.

Dejar de temer la libertad.

No perder la idea de que lo importante es ser pedernal y encender la chispa: en la creación, en el amor, en la risa, en el abrazo, en el sexo y en los amigos.

Paladear el caramelo espeso…, lamer la línea dulce entre el verbo y el acto. Entre el acto y el verbo.

Reír más. Aún más. En el brindis, en el orgasmo, entre las páginas y en los saltos al vacío.

Llorar menos. En el conflicto, en la soledad, en el no entender.

Querer entender menos y fluir más. Aquí también más aún. Deslizar el cuerpo húmedo, sinuoso, sobre cualquier situación.

Mirar el espejo. Pero mirarlo de verdad.

Y dejar atrás.

230

## Tardé en entender que…

Me costó un poco entender la vida. Entender que a veces decimos blanco cuando sentimos negro. Que podemos coger cariño a la persona equivocada. Que hay situaciones y momentos en los que la palabra «amor» no significa nada. Que hay gente que vende humo en frascos preciosos que nos resultarán muy caros. Que «cuidarse» no es solo llevar una dieta sana y hacer ejercicio. Que el sexo libera, tenga o no tenga que ver con el amor, pero que si no se sostiene en el respeto no es más que mierda. Que eso de ver el jardín del vecino más verde le pasa al más común de los mortales. Que hay gente que de boquilla regala lo que ni tiene para venderte. Que el mar lo cura todo. Que nada es eterno. Que nada es tan grave. Que todo pasa. Y todo llega. Y que en el centro del pecho lo tenemos todo, a la espera de ser descubierto.

231

## Reina del exceso

Lo notaste pronto. Eras muy joven, pero, aunque no supieras darle nombre, ya lo sabías. Viniste al mundo con hambre, con hambre de vida. Gritaste a pleno pulmón, fuego a discreción. No hicieron falta lágrimas. Aprendiste que para hacerse oír hay que levantar la voz.

Reina del exceso. Hiciste siempre gala de una espléndida exuberancia en la emoción que muchos leyeron como drama. Una lectura simplista para hablar del fuego que te quema en el pecho, en las tripas, en esa cabeza que siempre está hilvanando… y en el sexo. Pero de esto último te avergonzabas. Claro, el silencio te hizo pensar que desear no era normal, que estabas fuera de lugar, que tendías también al exceso. Te dijeron que nunca encontrarías a nadie a la altura de tus desproporcionadas ganas de más porque no sabían que naciste con hambre. Hambre de vida. Y fue en el deseo donde la encontraste de manera más pura.

Así que… ahí andas, subida al contoneo de los tacones de la voracidad con la que devoras la vida. Haciendo malabares entre lo que se ve y lo que se siente, entre la fachada del edificio en calma y el interior en llamas, entre el deseo y todas las veces que te niegan el bocado.

Pero ya te has cansado, ¿verdad? Es demasiada hambre ya. Es demasiada. Y ruge…

232

## Un día ya no estaremos

Y de repente pasan cosas. Normalmente son cosas bonitas. Pequeñas teselas de brillo; recuerdos felices que casi pasan de puntillas. Pero a veces no. A veces son cosas feas. Cosas feas que no se pueden cambiar ni solucionar ni tienen vuelta de hoja desde que el mundo es mundo.

Y, si estás lo suficientemente cerca de la onda expansiva…, si estás despierto, te da por pensar.

Que la vida es el típico trayecto que no disfrutas porque estás demasiado pendiente de cuándo llegarás al destino. Que hay que vivirse encima, como me decía un amigo. Que uno no puede quedarse con las ganas. Que las moralinas no sirven de nada. Que, si te apetece, te apetece, hostias. Que cuando te das cuenta hay trenes que han pasado de largo y se han ido sin ti. Que esto de vivir va de tirarse al barro. Que, cuando todo acaba, no hay nadie haciendo un recuento de todas las veces que «ganaste en dignidad» para darte un premio. Que ya se dan pocos besos en la vida como para ir comidiéndonos la boca, la lengua, las ganas. Que esto va de querer estar y, si no nos quieren, hay que tener las ventanas bien abiertas porque nosotros también hemos necesitado volar lejos alguna vez.

De algo, de alguien, de un amor que no llena, de una situación que ahoga, de nosotros mismos.

Así que a la mierda. Vamos a vivir. Vamos a vivir quemando rueda. Que nos vayamos despeinados y con una sonrisa de puta satisfacción en la cara. Con el cuchillo entre los dientes y la seguridad de que hicimos cuanto estuvo en nuestra mano para ser felices. Para acumular instantáneas mágicas. Para abrazar a la gente antes de que se fuera, para siempre o no, de nuestro lado.

## 233

### *Playlist*

Creo en la música. Es honesta. Puede que a veces cruel, pero admitamos que también convierte su abrazo en un tempo sin tiempo donde caben más recuerdos que en una imagen.

Quizá nunca lo has pensado, pero, si pudieras ser una canción…, ¿cuál serías?

Yo no me decido. Nunca podría escoger una sola. Porque en parte soy un poco la «Elizabeth» que cantaba Nino Bravo, la pequeña «De las dudas infinitas» de Supersubmarina; hay un poco de la Aretha Franklin cuando rugía su «Respect» y también de las «Cinco farolas» de Concha Piquer.

Me siento a ratos la versión de «Sweet Dreams» de Marilyn Manson, la «Bichota» de Karol G o ese William Bell de «I Forgot to Be Your Lover».

Soy la «ella» que «huía de espejismos y horas de más» en el «Copenhague» de Vetusta Morla, la «Noche glacial» de Bambikina. Elsa y Elmar cuando está «Sola con mi gata», la Carla Morrison que susurra «Disfruto», la Rozalén de «Y busqué» o la Yoly Saa que disfruta sabiendo que a veces ha podido hacer tambalear algunos «Cimientos». La «Perra» que ladra para Rigoberta Bandini, la «Mami» de Ptazeta, el

«Aquí vamo'» de Lalah que pide que nos agarremos la mano para destruir el patriarcado, la «Catalina» en boca de Rosalía, la «Bandida» de Pole, «Baby Outlaw» de Elle King o la «Quimera» de Alba Reche…

No, creo que nunca podría quedarme con una sola canción, pero no niego que me gustaría serlo para todos los que me acompañan en la vida.

234

## Competición

Ya no quiero competir. Con nadie. Con nadie más que conmigo misma. En nada más que en hacer las cosas lo mejor que sé. No quiero porque me cansé del espejo de aumento con el que debo observar cada una de mis «faltas» cuando compito. No quiero porque soy suficiente y nada que siembre la duda será nunca bueno para mí.

De los años saqué el superpoder de predecir las tormentas y llevar el paraguas conmigo. De los años aprendí que no se puede saltar hacia atrás en el tiempo, pero sí cuidar bien de la cicatriz.

235

## Autofelicidad

¿Te has preguntado alguna vez si sabes hacerte feliz? Sí, tú. Si sabes darte y quitarte. Si sabes irte de la fiesta en el momento en el que debes hacerlo para cuidarte (y «fiesta» puede significar tantas cosas en este caso…). Si sabes qué quieres. De verdad.

Hoy me he sorprendido pensando en que probablemente yo no sé hacerme feliz. He repasado todas las veces que no me cuidé, todas las cosas que mantuve en mi vida a pesar de que no encajaban, no había sitio; las ocasiones en las que me sentí una pieza en el mecanismo del ego de alguien; en los días en los que me sentí tremendamente sola y no supe gritarlo. Y me ha dado por pensar.

Hay días buenos, días regulares y días malos… para todo el mundo. Las redes sociales pueden engañarnos y darnos la sensación de que el resto del universo vive surfeando la ola de una felicidad que roza el nirvana.

Pero hoy que no es un buen día para mí (sin motivo aparente…, la ansiedad no pide permiso), creo que la pregunta más importante que debemos hacernos es: ¿Qué puedo hacer yo para hacerme feliz? Sin terceros. Sin mediadores. Sin excusas. Sin filtros.

Yo y mi felicidad… porque el capitán es el último en bajar del barco, porque en esta casa que es mi cuerpo habito solo yo, porque es mi vida y puedo hacer con ella cosas maravillosas…

¿Qué puedo hacer yo? Y empezar a escribir la lista.

236

## Confesión

Me cuesta recordar una época de mi vida en la que no me sintiera culpable. Culpable de cualquier cosa, pero sobre todo de aquellas que me hacían, hacen y harán humana.

Me encuentro en el momento de la vida en el que una sabe dar nombre a ciertas cosas; ese instante en el que se atisba la solución y se emprende el camino hacia el cambio. La solución es asumir que somos mucho más finitos de lo que nos sentimos y el camino no será otro que el amor propio y el autocuidado.

Pero emprender el camino no significa llegar a la meta.

Estoy pensando mucho sobre esa pequeña herida que no se cura y que escondo bajo la piel. El rencor que me guardo. Todas las cosas que, en una habitación secreta dentro de mí, siento que me pasan como castigo a mi imperfección.

Porque, cuando me hacen daño, me enfado conmigo misma. Mucho. Terriblemente. Por haberles creído, por haber bajado la guardia, por haberme ilusionado, por la milésima de segundo en la que olvidé esa habitación llena de la sensación de no merecer y sentí.

No lo puedo evitar. A pesar de saberme no culpable del dolor que me infligen, me culpo. Y la piel se hace más dura.

Y la intensidad con la que viví las cosas en el pasado cae. Y la torre de alta tensión que fui dejará de bombear el fuego que me lame las venas si no lo paro.

Así que…, yo del pasado, perdóname por todas las veces que no te perdoné; nuestro yo del futuro lo hará mejor. Te lo prometo.

237

## Mis cosas preferidas

Siento predilección por los lugares oscuros, las tardes de tormenta, las personas que miran a los ojos y las canciones con violines.

Me atrapa el viento que huele a lluvia, caminar cogida de la mano de alguien, estar sola, escoger con cuidado una canción para un momento de ensoñación y el olor para una noche cualquiera.

Me gustan las personas apasionadas, inteligentes y curiosas; aquellas que son capaces de trasladarte lo que sienten por algo solo con la vida que hay en su voz cuando hablan.

Me seduce un hombre que sabe de arte y de guerra (no en el sentido literal de la palabra), que pide permiso para besar y encuentra esa parcela en mi cuello en la que soy rematadamente débil.

Pertenezco al mar y a la noche, a la facilidad para recordar, a la capacidad de amar, a transformar un no en cualquier cosa en la que puedan crecer flores.

238

# El momento previo al beso

Me miras, con una sonrisa en la boca a medio camino entre el suspiro y el gemido, las ganas y la contención.

Hay cierto placer en no sentirlo, en pensar en arrastrar las uñas entre tu pelo pero no hacerlo, en ese microsegundo en el que tus ojos se enturbian y sé exactamente en qué piensas. En tu mano alrededor de mi cuello. En nuestras bocas abiertas cuando se atisba la explosión. Pensarlo pero no hacerlo. Y condensar, en el espacio y en el tiempo, la nube de gas inflamable que exhalamos en silencio, rodeados de gente.

Quizá el secreto sea lo placentero. Quizá la duda. Quizá aún no tenemos idea de nada. Pero qué placer la ignorancia. Qué placer.

239

## Del día que me escogí a mí

A veces con quererse… no basta. Porque uno quiere a alguien y a este la vida le dio otros ojos. Y, por más que se quieran, las piezas no encajan.

Y, por respeto y por amor, uno tiene la obligación de decir adiós sin estar convencido de hacerlo, porque el fantasma del mañana se le presenta más triste si deja a un lado su verdad para asumir solamente la del otro.

## 240

### Sonaba «Sesenta memorias perdidas»

He vuelto a bailar en la cocina. Del paquete de ilusiones por redescubrir que envolví en un lazo de deseos, este era el primer ítem.

Bailar en la cocina.

No lo esperaba así. Y me pilló por sorpresa. Apenas dos, tres pasos zompos, un abrazo y una decena de besos mientras tarareaba una canción de Love of Lesbian. Quizá ni siquiera pueda considerársele bailar a ese acto de mecerse y apretarse, sonreír y avergonzarse cuando la canción dice eso de «tú y yo». Porque somos «tú» por una parte y «yo» por otra. Pero suena bien. Y raro.

Sin embargo, mi interior, anoche, en la cocina, volvió a bailar. Sin esperárselo. Sin saber aún si encaja en lo esperable. Y ahora esa canción, preciosa, me produce un efecto efervescente.

Me da miedo pensar en los siguientes deseos de esa lista para redescubrirme, pero me da la sensación de que entré sin saberlo en el camino de la sorpresa y ahora solo queda deslizarse. Y viajar.

241

## Los planes

Quiero subir a tu coche y que entrelacemos los dedos sobre tu muslo. Qué tontería, ¿verdad?

Quiero escoger las canciones que suenan mientras conduces y acariciarte el pelo, mirando cómo tarareas.

Preguntarte cien veces más de qué color tienes los ojos cuando te quito las gafas con cuidado y me pongo de puntillas. Y que las cien veces mires mi boca antes de contestar que no lo sabes, que te bese y que luego ya si eso tratamos juntos de averiguarlo.

Quiero que dejes un libro en la mesita de noche izquierda de mi dormitorio, pero que olvides leer antes de dormir si me tienes al lado. Que no necesites tus rutinas mientras forjamos las nuestras.

Charlar contigo durante horas y sentir que no me juzgas ni un segundo, que nunca escatimas cariño y que no esperas de mí lo que he decidido que no soy.

Quiero que tengamos nuestra canción, nuestro idioma, un abanico de miradas con su correspondiente significado acuñado y avalado por un buen puñado de tiempo vivido.

Que tengas las llaves de mi casa, un cajón en mi armario, planes de escapadas tontas y rápidas en las que sé que no dejarás de trabajar en absoluto.

Quiero esa foto, ese concierto, esos dos táperes de casa en casa, tu olor en la otra almohada, un millón de pequeñas primeras veces atado al meñique con un lazo rojo y la certeza de que nunca me harás sentir incómoda.

Quiero tantas cosas de repente que no me reconozco.

Dice Elvis en una canción que «solo los tontos tienen prisa», así que quiero a manos llenas, pero lento. Quiero.

## Nuestro silencio

Me gustaría explicarte lo ligeros que son para mí algunos silencios. Las alas que les crecen a los segundos afónicos cuando todo está en calma. Cuando no hay calma, el silencio es ensordecedor, pero yo prefiero quedarme con esos minutos sostenidos sobre un hilo equilibrista. Esos en los que tú y yo somos dos funambulistas que quieren obviar el hecho de que lo son.

Los silencios pueden también ser un caldo de cultivo, una tierra recién arada, un vientre preparado para gestar el primer «nosotros» conjugado como «nuestro», la primera confesión firmada ante un externo de que esto hace un tiempo que se nos fue de las manos. A ambos.

Me he pasado el día hablando contigo. Has sido lo primero que he leído al levantarme y ojalá seas lo último que lea antes de dormir. Y me hace gracia pensar en esta cháchara ligera, de deseos y caricias, de contarse las rutinas y hacer planes, porque es sorda. Muda. Porque se comunica en el silencio de dos personas que, como leyendo braille, se aprenden con la yema de los dedos…, pero por teléfono.

Esta mañana, los dos hablamos sobre el exceso y, en la sonrisa y el brillo de los ojos, me crecieron en el pecho nenúfares y crisantemos.

Cuento, mientras tanto, los kilómetros y las horas que nos separan, deshojando las mariposas que me vuelan en la tripa.

243

## De aquellas noches en mi sofá

Se nos escapa una risa, pero la tragamos, sin masticar, al besarnos. A boca llena. A manos vacías. Para hacer esto hay que quedarse sin nada, sin saber con qué llenar los bolsillos.

Con suerte llenaremos de silencio un par de horas. Alejaremos el ruido. Escucharemos la piel y el murmullo de todas esas cosas que nos quedaremos con ganas de decir. Porque la lengua no servirá para construir palabras. Solo un espacio, oscuro e íntimo, en el que, cuando todo haya acabado, sabremos que podemos ser. Sin que «ser» signifique más de lo que ya es en soledad. Pero contigo.

244

## Esperanza y vértigo

Me hablas de vértigo. Conjugas el «no esperaba», el «no quería» y una docena de verbos de esperanza irregular y todos los conjugas en pasado, mezclados con unos besos nada urgentes, con ademanes tranquilos. Y el vértigo ya no me da tanto miedo.

Me hablas de vértigo. Tú. Desde la atalaya de tus ojos grises, entre el verde y la niebla espesa; esos ojos de los que me pregunto si alguna vez te dijeron que tienen hambre. Porque la tienen, y es precioso.

Me hablas de vértigo. De tiempo. De cansancio. De los años que te quedan para seguir peleando. Danzas en mi cocina, bebiendo Coca-Cola, frotándote los ojos, dejando las gafas y el reloj a un lado y diciéndome que así te muestras ante mí, indefenso.

Y me pregunto, mientras te miro, te escucho y te beso, por qué entiendo la lengua de esperanza que hablas, aun cuando no dices nada, si será que, contra todo pronóstico, hablamos el mismo idioma.

245

## Basta

Basta del mito del patito feo. Basta de la oda a la transformación como único camino respetable. Porque no es suficiente con quienes somos. Porque siempre «cabe la esperanza de encajar mañana», ¿no?

Basta de decirle a esa niña que tiene que conseguir la admiración del resto y lo tiene que hacer cambiando. En los *trends* de redes sociales, en los «antes y después», en esos videítos efectistas con música de moda acompañados del *claim* «Era la persona a la que no quería y me convertí en la que no podría conseguir». Porque todo esto es un gusano carnívoro que nos devorará el cerebro hasta que no quede más que la idea de que nunca seremos lo bastante. Lo bastante… ¿qué? Jóvenes, ricas, listas, delgadas, voluptuosas o exitosas. Vete tú a saber. La misma mierda en diferentes formatos.

Basta de la adoración de ideales que nos llegaron impuestos. De repetir la cantinela de que debemos conseguir que nos ame el que no lo hizo y el único camino es dejando de ser quienes somos.

Basta.

Porque terminamos ansiando un cambio radical cuando deberíamos estar desaprendiéndonos, creciendo, madurando emocionalmente, orgullosos de ser capaces de ponernos en duda desde dentro para mejorar.

Porque, qué queréis que os diga, «soy aquella niña de la escuela», pero ahora no estoy «más buena pero más mala»; soy un poquito más sabia y más consciente de que amarnos es un acto revolucionario que estoy dispuesta a aprender a perpetrar.

246

## Tus manos

A veces me acuerdo de tus manos. Me avergüenza decirlo. Me siento frívola haciéndolo. De alguna manera, me acuerdo de tus manos como entes vivos independientes. Pienso en ellas. Solo en ellas. Las recreo. Las traigo de nuevo a mi boca y las beso.

No. Tus manos no son lo único que recuerdo. ¿Por qué mentir a estas alturas cuando siempre fui tan sincera contigo? Me daba placer contarte la verdad. Creo que el mismo que te daba a ti mentir y que yo te creyera.

A veces también me acuerdo de una de tus camisetas. Una negra. De manga corta y tela fina. Una en la que alguna vez hundí la nariz, a la altura de tu pecho, para olerte. En realidad, quería devorarte, quedarme con tu aroma y que no fuese nunca de nadie más. Me acuerdo de esa camiseta porque no quiero acordarme de tu pecho.

Me acuerdo de aquella noche en tu dormitorio. Y de aquella tarde en el mío. De aquel restaurante lleno. Del ascensor de mi casa. De la luz bailarina de los coches reflejada en las paredes de tu portal a oscuras.

Recuerdo sentirte. Mucho. En todas partes. Recuerdo querer que te fueras de mi casa. Irme yo a toda prisa de la tuya. Recuerdo odiarte y quererte mucho…, y pensar, cuando volví a verte, que yo olía a otra persona, pero siempre te querría a ti.

No tuve nunca la oportunidad de decirte que repetiría cada error que cometí contigo. Que volvería a dejarlo todo, a romper con todos los años a mi espalda, a lanzarme a tus brazos, a disfrutar del hecho de que nadie nos supiera, a llegar borracha a tu portal y aporrear tu timbre, a decirte cosas feas, a olvidarlo por completo si me abrazabas, a recorrer el perfil de tu nariz afilada con la punta de mi dedo corazón y terminar acercando mi boca a la tuya para susurrar «Me he enamorado de ti».

Y es un asco, ¿sabes? Porque aún me acuerdo de tus manos, pero hace mucho que ya no me tocas.

## 247

### No es verdad

¿Sabes lo que pasa? Que un día te dijiste «Si yo fuera "así", todo iría mejor»…, y te lo creíste.

Te creíste que quién eres depende del «cómo eres» más visible, sin tener en cuenta que el tiempo pasa y que nadie es quien es más de un minuto. Que cambiamos. Que envejecemos. Que adelgazamos, engordamos, nos arrugamos, nos descolgamos, palidecemos o mejoramos… de puertas para fuera. Por dentro, si queremos, aprendemos.

No hay más.

Estoy cansada de ver gente propagando que es su mejor versión solo por el hecho de sentirse físicamente más bellos, construyendo en una pirámide a la inversa una salud emocional a través del cambio. Una salud mental que se tambalea, que no es real, que es puro holograma.

Ojalá pronto saliéramos a gritar a los cuatro vientos lo bien que vienen los años de terapia. Los años. La autocrítica. El reconocimiento. Abrazar quienes somos. Ser sin esperar nada a cambio.

Estoy harta. Harta. Porque se aplauden tantas cosas vacuas…, porque se creen tantas mentiras… que al final seguimos perpetuando la idea de que «si yo fuera "así"...,

me querrían más...

... me amaría más...

... dormiría más tranquila...

... él no se habría ido...

... sería mejor».

Y no es verdad.

248

## Certezas

Si algo aprendí en estos últimos años es que hay demasiada gente que dice cómo es sin esforzarse en demostrarlo, que todos estamos un poco rotos, que las redes son mentira en un porcentaje demasiado alto y que no deberíamos querer a nadie en nuestra vida que no estuviera seguro de formar parte de ella.

En el mundo, en todo el jodido mundo, no hay nadie que sepa al cien por cien qué narices está haciendo con su vida.

249

## Hambre

Hambre de vida. Hambre de acumular capítulos en un libro que no se escribe, se respira.

Hambre de tus dedos en mis muslos. Hambre de no necesitar una mano que me agarre, pero sí una que me acaricie. Hambre de abrirte la puerta y también las piernas. Porque sí, porque quiero, porque tengo hambre y el derecho. Hambre de asumir ya que el tipo de mujer que soy tiene hambre. Que quiere comerse un pedazo de mundo, el miedo, tu boca, los recuerdos, la idea de no ser suficiente, las expectativas.

Y masticar la vida que estoy viviendo y tragarla mientras sonrío, me lamo los labios, pido más y te miro.

Porque tengo hambre y, si eso te da miedo, será mejor que sigas tu camino.

250

## Mi fantasma

Creo en los fantasmas. Creo en la representación ectoplásmica de aquello que ya no será; que no puede ser. Que murió.

Creo que las casas guardan en sus paredes los ecos de vidas pasadas, porque las de la mía reverberan devolviéndome palabras sueltas siempre susurradas en nuestro idioma. Hasta el techo del dormitorio sigue impregnado de ese fantasma que es ya el «nosotros».

Y es curioso, porque una casa que alberga más historias que la tuya, que vivió pasos muchísimo más duraderos, en la que apenas si entraste en dos o tres estancias, continúa recordando tu olor.

Dicen quienes creen en los fantasmas que hay almas que quedan presas para siempre en el lugar en el que sufrieron. O en el que fueron muy felices. Y me da miedo pensar que un pedazo de ti se quede para siempre tirado en mi cama, jugando con mis dedos y los mechones de mi pelo, soplando en mi cuello cuando duermo, susurrando que no mereces quererme. Me da miedo, porque entonces es posible que pase la eternidad vagando en el puto portal de tu edificio, aullando que por tu culpa ese pedazo de mí murió de rabia. Temo que nuestro fantasma, el de nosotros, el de aquello que murió, se quede atrapado en lugares diferentes y ni siquiera entonces sepamos encontrarnos.

Sí. Creo en los fantasmas. En los que viven en las canciones que te tarareé mientras besaba tu pecho, en aquellas en las que te encontré cuando no estabas y hasta en las que sangré cuando me fui, por miedo a que terminaras con lo poco mío que sentía propio.

Creo en los fantasmas que, algunas noches al año, se presentan para señalar todos aquellos pedazos de piel que tú besaste antes de enseñarme que el amor no siempre es bueno, no siempre sirve, no siempre es valiente.

Creo en los fantasmas que aprovechan el Día de Muertos para danzar en el Madrid que recorrimos domingo a domingo, cuando aún queríamos esconderle al mundo, y a nosotros mismos, que estaría prohibido, pero nos habíamos enamorado.

Creo en los fantasmas, sí, pero el tuyo está a un paso de no encontrar el portal que lo lleve hasta los pies de mi cama.

## 251

## Quitarse la coraza

Anoche me quité durante un minuto la coraza. Quizá un poco más.

Me la quité frente al espejo, como hay que hacer las cosas, y recorrí con la mirada mis cicatrices.

Me dio pena pensar lo suave que era mi piel bajo la coraza, lo tersa, lo limpia, lo temerosa que se volvía en los bordes de las heridas ya curadas.

En el pasado me hicieron daño. Como a todos. Sobre cada herida edifiqué un mausoleo donde guardé el miedo. Y seguí andando. Masticando los duelos, intentando aprender…, sin darme cuenta de que sobre la piel llagada crecía más y más piel. Una armadura. Una coraza.

Del dolor regresamos escocidos. Doloridos. Temerosos. Del dolor se vuelve, por supuesto, más fuerte, siempre más fuerte, incluso de aquellas penas que amenazaron con apagar las luces y dejarnos sumidos en las tinieblas. Pero nos cambian. Los dolores, las penas, los duelos… nos cambian.

Así que, ayer, me desprendí de la coraza y acaricié las magulladuras, cuidé los golpes, limpié los cortes y me miré. Asumiendo. Aceptando. Entendiendo que la coraza me hizo bien cuando no podía sostenerme, pero me roba la sensación del viento, el calor de otro cuerpo, las mariposas, el sol.

Volví a colocarla, claro. No es tan sencillo. Volví a colocarla sobre mi cuerpo, pero antes de dejar que me abrazara de nuevo por completo, le arranqué una capa, una pequeña, una esperanza.

Sé que no sentiré otra vez como lo hacía, pero es parte del proceso de vivir; sin embargo, sé que volveré a sentir…, a manos llenas, a pecho descubierto, a tumba abierta, cuando llegue el momento. Cuando llegue el porqué.

252

## Algo divertido

Nos quedaron cosas por hacer.

Solíamos desperdiciar planes a menudo. Lanzábamos al aire locuras que sabíamos que no cumpliríamos. Locuras que yo no haré con nadie más y de las que él probablemente ya se haya cansado.

Solía echarme en cara el hecho de que no le creía; lo hacía mientras vestía, con lazos y plumas, piropos envenenados que camuflaran la certeza de que él tampoco se creía.

Pero eso ya no importa. Creo que nunca empezó a importar. Hay historias así, ¿verdad? Que vienen y van y nunca llegan al puerto hondo en el que son capaces de hacer daño.

Pero, siendo sincera, nos quedaron cosas divertidas por hacer, como molestar a un montón de huéspedes del mismo hotel, provocarnos con disimulo con todo el mundo mirando, dejarnos ver sin vergüenza, abrazarnos siendo honestos.

Nos quedaron cosas por hacer que ya nunca haremos, pero quizá esa sea la clave que haga de aquella historia ya olvidada algo con lo que jugar y conjugar imágenes en el recuerdo. Sin añorarnos. Sin duelo. Solo con el convencimiento de que supimos divertirnos.

253

## Satisfacción

Anoche me acosté tan placenteramente cansada…

Cansada pero bien. De sentirme libre. De ser dueña… de nada más que de mí misma. De mis apetencias, de mis palabras, de mis pasos, de la noche, del susurro, de estirar las piernas en la cama, de ir al baño desnuda.

De pinchar con el cuchillo y el tenedor, con el dedo, con la mirada; de empujar a la noche, buscando sin buscar esa sensación del abrazo, de que te cubran los hombros bajo la colcha. De hacer porque sí. Con vergüenza o con tino, pero hacer. Y decir «Pues esto sí, pues esto no, pues Dios dirá».

Anoche me acosté satisfecha. De estar viviendo. Por decir que sí cuando me apetece; por estar aprendiendo a decir que no si es lo que siento. Por volver con ganas a acurrucarme en mi cama. Por haber sabido hacer nido en las personas adecuadas.

254

## Lo romántico

Soñamos en películas producidas por la imaginación que construyeron por nosotros años de consumir lo que para otros es la idea de lo romántico.

Llevo tiempo pensando en esa idea. En lo romántico en el imaginario común. En las velas, las promesas del «para siempre», las flores, alguien corriendo por la terminal de un aeropuerto, un descapotable con un hombre guapo esperando bajo una escalera de incendios. Me he dado cuenta de que nada de eso habla de mí, de mi visión del amor, de las expectativas de lo bello.

Creo que hay cosas tremendamente románticas que no tienen por qué hablar de amor. Porque lo bueno del romanticismo es que es ligero y volátil; que sube, que baja, que se deja llevar por las ráfagas de viento. Y no tiene por qué ser para siempre. Y eso es bueno, porque lo efímero es diez mil veces más emocionante que lo que permanece, seamos sinceros. ¿Por qué? Pues porque su propia naturaleza nos obliga a vivirlo intensamente…, por si acaso.

El romanticismo ha cambiado para mí con los años.

Me siguen gustando las flores, no lo niego, pero aprendes a apreciarlas de otro modo… y te las regalas tú.

Me gusta la empatía. Me derrite un hombre señalando su herida.

Que te escuche. Que te huela al abrazarte. Me enloquece que me huelan. No creo que haya nada más romántico en el mundo que aspirar el aroma de otro con hambre.

Que trence los dedos con los tuyos, pero solo en un instante fugaz.

Que te escriba desde la cama. Que se acuerde de algo que dijiste y le haga sonreír. Coincidir en una canción y hacer de ella una atalaya. Reírse, sobre todo cuando las cosas salen mal. Romper límites y alguna regla. Poner la mano sobre su pecho desnudo y que coloque la suya encima. Que te arrope por encima de los hombros cuando estás dormida. Un hombre fuerte…, fuerte como para que le dé igual una mujer que toma la iniciativa, que no entiende de discreción en lo frívolo, que se ríe a carcajadas, que sabe manejar sus problemas y no espera que nadie lo haga por ella.

Después de mucho pensar, dudo si el romanticismo no será, al fin y al cabo, que tu fortaleza no lo asuste. Que te deje ser. Y serlo.

255

## No es tu culpa

A veces la cabeza se convierte en un campo de batalla. Un infierno de fuego. Un territorio donde luchan a muerte soldados rasos del mismo ejército, que eres tú. Y, claro, en esas guerras nunca hay bando ganador. Siempre terminas perdiendo.

A menudo me siento culpable por cosas que escapan a mi control; cosas, incluso, cuya responsabilidad no es mía o es compartida o simplemente no es de nadie. Pero me siento culpable y mi caballería mental lo arrasa todo hasta dejarme una profunda sensación de desasosiego, de abandono, de vergüenza. Y me digo que las cosas saldrán mal. Y me preparo para lo peor. Y cavo en mi pecho sepulcros para cosas que ya doy por muertas, antes incluso de tomarme un momento para comprobar su pulso.

Me hace pensar esa sensación de culpa. Esa minuciosidad a la hora de analizar el fallo. Me hace pensar si no será que el mundo nos educó para que las piedras se cayeran siempre sobre nuestro propio tejado.

Respira. Cálmate. Para la rueda. Y, si necesitas que alguien te lo diga, aquí lo tienes: no es tu culpa. No lo es.

256

## Todas las mujeres que soy

A veces pierdo el hilo de quién soy. Se me mezclan las mujeres que viven en mí y ya no sé cuál de todas habla más veces en mi boca, cuál de ellas es la que hace que el corazón me lata fuerte, cuál soy yo.

Un puzle, me imagino. Una mezcla. La amazona que he visto emerger durante este último año (al galope, armada, confiada, fiera y decidida). La niña adulta que pide por favor un abrazo cuando algo le da miedo, pero no quiere que nadie más que ella lo resuelva, orgullosa. La de las dudas infinitas, que en diez minutos es capaz de cambiar doce veces de opinión sobre cómo se siente.

La firme. La mordaz. La caliente. La de los pies permanentemente fríos. La impenetrable. La que pide perdón. La que no pide permiso. La que se ríe a carcajadas. La que puede quedarse afónica de tanto sollozar. La que guiña un ojo con descaro. La que quiere esconderse en su hogar. La que coge un avión a cualquier parte. La que te cantaría cualquier canción en el coche. La que se acomoda en el silencio.

Hay veces que, efectivamente, no tengo ni idea de quién soy, pero suelo divertirme tratando de averiguarlo.

257

## El vapor de lo que será

Siempre he tenido prisa. Prisa por crecer. Prisa por aprender a leer. Prisa por terminar los libros y saber qué sucede al final. Prisa por saberme y saber al otro. Prisa por estar tranquila, aunque «tranquila» es un concepto que opero con manos inquietas.

Los inicios me ponen nerviosa. Manejo muchísimo mejor los finales porque son rotundos. Porque son lo que son y no tienen vuelta de hoja. Y, hasta en ellos, me precipito. Tener prisa y nostalgia suelen ser dos caras de una moneda que gira muy rápido y que nunca decide cuál es la elegida.

Siento si este texto no tiene sentido. Me pasa cuando escribo. Cuando tengo un proyecto y necesito que avance para sentirme más tranquila. Se me escapa la rotundidad de las cosas reales, todo se vuelve humo y yo me evaporo en lo que será, en lo que no es, en lo que terminará siendo.

Tengo una relación complicada con el proceso creativo porque es, de todas todas, un camino paciente. Y yo siempre tengo prisa. Y la prisa me da miedo. Y el miedo me da pavor.

Así que, en tardes como esta, solo puedo gritarle al mundo que hay que hacer las cosas incluso cuando nos asusten, porque será en ese trayecto en el que aprenderemos más sobre nosotros mismos.

258

## El pudor

No hables de sexo.

No desees. O, más bien, desea con la boca pequeña, en respuesta, nunca *motu proprio,* siempre contenida, moral.

No expreses que eres un ser sexual, que deseas, que naciste con las mismas necesidades que los otros. No lo hagas porque qué poco estilo, qué poca elegancia, a quién le importa eso, no es apropiado.

No demuestres que te interesa o le agobiarás. No seas abierta con tus apetencias o pensará que eres una «cualquiera». «Una cualquiera», bonito concepto.

Una guarra. Otra bonita palabra.

No sientas con intensidad. No digas lo que te gusta. No hagas del placer un templo. No menciones el placer, por el amor de Dios. No pongas el foco en ti, no defiendas que eres protagonista de tu propio deseo, no des voz a la voracidad femenina.

No escribas sobre sábanas húmedas, abrazos apretados, tanto como un nudo mojado.

No escribas sobre gemidos, sobre piel, sobre lo íntimo, sobre separar los muslos como invitación.

No escribas sobre el clímax, sobre tirarle del pelo, sobre dejar la huella de tus uñas en su espalda.

No lo hagas, no. Porque siempre vendrá alguien a preguntarte qué opinan tus padres sobre ello.

Siempre vendrá alguien a preguntarte si no te da pudor.

Siempre vendrá alguien a cuestionar por qué eres libre.

259

## Vivir con ansiedad

Vivir con ansiedad no es «qué nervioso estoy» es «esto me supera». Cuando tengo un episodio de ansiedad (que puede durar media hora o semanas), me cuesta relacionarme con normalidad, porque tengo miedo. Me azota el miedo al abandono, a fundirme con mi alrededor hasta que no quede nada de mí, a no ser capaz, a acostumbrarme a estar sola, a no saber estar sola, a perder, a ganar, a tener que explicar qué me pasa, a olvidar cómo se duerme, a llorar demasiado, a no llorar. No tiene por qué ser lógico; todo es ostensible de dar miedo.

Cuando tengo miedo, soy incapaz de concentrarme. No disfruto. Me angustio pensando en el futuro porque todo lo que creo que me puede pasar es malo. Me agobio pensando en el pasado porque creo que hice las cosas mal o que antes fui más feliz. Es curioso que no sepamos conjugar la felicidad en presente.

Cuando tengo ansiedad, no duermo. Bueno, duermo, pero un par de horas seguidas como mucho, antes de despertarme preocupada. Normalmente no hay nada objetivo por lo que deba preocuparme en ese momento, pero yo lo siento así.

Cuando tengo ansiedad, puedo no tener apetito, que todo me sepa a cartón o sobrealimentarme. Me callo mucho o me pongo pesadísima. Tengo la suerte de tener mucha gente a mi alrededor que sabe entenderme; pero no es fácil.

Con la ansiedad creo que todo lo hago mal. Me lo susurra ella al oído; me trae ese pensamiento envuelto en papel de regalo y una jaqueca.

Dudo muchísimo. De mí, de mis decisiones, de por qué dicen o hacen cosas los demás, de que alguien quiera seguir hablando conmigo.

Mi cabeza se convierte en un infierno del que no puedo salir.

Y no, no es que esté triste. No es que esté falta de cariño. No es que esté loca. No es que sea una exagerada. No es que sea hipersensible. No es que quiera llamar la atención. Es que tengo ansiedad. Y manejarla es complicado.

No me gusta hablar de mi vida personal y la experiencia me ha dado la razón, pero soy una firme defensora de mostrarse de verdad. Y eso es así. Soy una persona que convive con la ansiedad. Y, si tú también lo eres, no estás sola y hablarlo está genial. Y la terapia, que es gimnasia para el alma, herramienta y abrazo.

260

## Lo que dejé de mí en cada beso

Sin poder evitarlo, dejé prendido en cada beso que di un pedazo de mí. En cada labio que besé. En cada momento de mi vida.

Un poco de carmín rojo. El aleteo de unas pestañas que no son mías. El olor de un perfume. El recorrido de unas uñas por la espalda. Las prisas por saber. Las ganas de hacer. El miedo a no ser suficiente. El pánico de que descubrieran que siempre hay alguien mejor.

Dejé, junto al sabor de mi beso, a la mujer que bebe demasiado café, a la que se recoge el pelo con un lápiz y a la que se maquilla para sí misma.

También a la que le da igual lo que piensen los demás cuando está a gusto. Un poco de la que siempre lleva ropa interior de encaje y transparencias. También la fría. La que no quiere que le den lo que alguien dijo que querían las mujeres. La que no necesita, escoge. La que se acurruca en un olor. La que fuma apoyada en la barandilla de la terraza. La que llora de rabia. La que sabe cosas que no sabe y se muere de ansiedad hasta que las descubre y entonces se muere de pena.

La obsesa del orden. La que adora meterse entre las sábanas de una cama deshecha. La de los zapatos de tacón de aguja. La de las botas de agua. La que quiere más y más y más y más… hasta que la abrazan, y entonces desea que se pare el tiempo. La que se siente ridícula, imbécil, estúpida y tonta por haber «creído que». Aquella para la que las palabras hace tiempo que dejaron de significar promesas y ahora son solo vehículo y trabajo. La que se asusta si le huelen el pelo. La que se revuelca con la almohada recordando ese instante. La que se callará que hubo más. La que solo quería que la descubrieran. La que se decepcionó cuando decidieron que no valía el esfuerzo, la pena, que no era suficiente, que no. Que no. Y la que se dijo, encogiendo los hombros, que es lo que hay.

Sí. Sin poder evitarlo dejé un poco de mí en cada beso que di… y es posible que ya nunca pueda recuperarlo.

261

## Lo que me dieron en cada beso

El espacio en blanco que quedó en el lugar donde antes habitaba lo que di en mis besos está en realidad lleno. De colores. De los momentos que, fragmentados y cosidos, escriben la mayor y más intensa historia, porque se alimenta de lo mejor de aquello que sentí a lo largo de esta vida mía.

Porque soy aquellos domingos de paseo y restaurante, de pedir un beso tras el postre. El corcho de esa maldita botella de vino que aparecía en todas partes hasta que lo mandé al infierno. Soy la fuerza con la que me defendí en aquel portal. El punto y final que pinté a mi elección.

Pero también soy los viernes de museo y de escoger el sofá para una casa que no era mía. La que preparaba desayunos los domingos por la mañana, con aguacate y fresas. La que no supo querer en un modo que no era el suyo y terminó escogiéndose a sí misma.

Soy la letra de mil canciones…, alguna de ellas inventada. Soy la sinvergüenza que guardó el secreto. Soy el vídeo que me grabó sonriendo. Soy la misma que se lio con su propia certeza de no querer más y terminó dudando de su instinto.

Soy una cita en el Retiro. Soy un libro firmado por un autor. Soy una noche entre semana, con los dedos entrelazados, diciendo «qué raro» con el corazón en la garganta.

Soy un pitillo a medias, sentada al borde de una piscina. Ay, aquel pitillo. Un pitillo sabor melocotón. Soy una cerveza, una conversación vacía, el cruce de una mirada. Soy esa voz que dice «Cuidado, que te va a hacer daño». Soy el olor del cuello de aquella camisa a cuadros. Soy la lluvia fina de camino al restaurante. Soy la tímida conversación sobre libros viejos la mañana después. Soy el mal rato de vuelta. Soy aquella que sabía el final de algo y aun así me lancé. Y me golpeé. Y me levanté después.

Soy los wasaps a medianoche. Soy los amigos que hice en el proceso. Soy más que el fuego, el exceso, la intensidad o la capa de hielo. También soy lo que me dieron, aunque eso a veces tenga más de falta que de lleno.

262

## Cosas tontas y frívolas que me hacen feliz

1. La ropa interior bonita. Me hace sentir segura de mí misma. Poderosa. Para mí.

2. Tomar el café de la mañana asomada a la terraza.

3. Terminar un libro y colocarlo en la estantería, ordenado por su color.

4. El olor de las sábanas recién colocadas.

5. Que me toquen el pelo.

6. Ponerme hidratante perfumada mientras tarareo.

7. Encender las velas en casa por la mañana, cuando repaso que todo está en orden.

8. Que me despierte la luz entrando por la ventana, sin despertador, y que sea pronto.

9. Que me manden memes, sobre todo de gatitos.

10. Las camisas blancas con un par de botones desabrochados. Para mí. Y para ellos.

11. Encargar mi perfume cuando se me está terminando.

12. Encontrar un wasap que no esperaba de alguien a quien quiero.

13. Prepararme un agua con gas, hielo y una rodajita de limón.

14. El armario ordenado.

15. Llevar unos zapatos bonitos.

16. Sentir que he acertado con la ropa que llevo puesta, porque estoy cómoda y me siento yo.

17. Trabajar, desde casa, peinada, maquillada y vestida.

18. Decir cosas bonitas en tono amable a mis gatos.

19. Que alguien me envíe flores porque sí.

20. Un baño caliente, las luces apagadas, unas cuantas velas y en los auriculares la lista de mis canciones preferidas de este año.

21. Oler a alguien que me gusta. Que me gusta en cualquiera de las acepciones del verbo gustar.

22. El sonido de mis zapatos negros de tacón preferidos sobre el pavimento.

23. Ir a hacerme la pedicura.

24. Cocinar algo bueno para mí que, además, me guste.

25. Comprar juegos de sábanas y de toallas.

263

## Ser un hogar

Vivo en una casa con ventanas al exterior, donde todos los días se encienden velas que huelen a verano en lugares que no conozco. Donde suena siempre música y un día es alegre y danzo y otro día es triste y quiero llorar.

Vivo en una casa donde entra la luz a raudales, a veces en demasía. Donde en ocasiones acurrucarse en lo oscuro es un placer difícilmente alcanzable. Vivo y me desvivo para que todo encaje. Combinarlo todo. Hacerlo posible.

Porque esta casa en la que vivo unas veces me gusta y otras no, a veces se llena y a veces se siente terriblemente vacía, a veces es tierna y cálida y otros días dura y fría. Porque esta casa en la que vivo soy yo.

## 264

### Aquella historia circular que a veces me enfadaba

Lo cierto es que nunca te mentí. Ni siquiera di a entender jamás que esto no fuera un danzar sobre las llamas. Si alguien le puso el traje nuevo del emperador, fuiste tú; es verdad que yo me limité a decir que era muy bonito en lugar de decirte que andábamos en pelotas. Sin embargo, mi único pecado contigo fue dejar que lo que decías traspasara el mundo de las ideas hasta lo tangible. Mi único pecado contigo fue creerte durante las dos semanas que me duró el delirio.

Siendo sincera, de entre los dientes no me quité nunca un jirón de tu piel, porque donde yo mordía no dolía. Y era consensuado, adulto, manejable y entendible. Hasta que dejó de serlo, porque, oye, yo no me había postrado a tus pies. ¿Cómo podía ser?

Podemos llamarlo de muchas maneras. De muchas. Pero quizá ninguna nos guste. La más obvia es señalar que el miedo al qué dirán lo cargabas tú. En mi espalda solo pesa haber perseguido un par de palabras de alivio cuando me las negaste. Perseguirlas con demasiada necesidad.

No. No me empeñé en que saliera mal. No. No hui de mirarme al espejo.

Es que, sencillamente, tardé poco en que el reflejo junto a ti me resultara ajeno.

No, querido, yo no te mentí jamás. Quizá, solo quizá, deberías aprender a asumir que siempre quemé demasiado como para que tu piel resistiera bailando a mi lado.

265

## Muso

Es como tu imagen, ¿sabes? Todo pelo negro y labios gruesos, que se me cuela por todas partes. Tus fotos torpes ya borradas de mi móvil. Tu lengua sabia allá a lo lejos, en otra boca. El alicatado de tu cuarto de baño.

Tendría que buscar la manera de explicar que en realidad no me acuerdo de ti todos los días…, es la persona que me vi ser contigo la que me quita el sueño.

## 266

### Breve listado de verdades

Los amigos siempre acuden a las crisis. Siempre. Y lo hacen rápido, además.

Quien bien te quiere te hará reír.

Las cosas salen bien cuando se hacen con honestidad y desde el corazón…, incluso cuando salen mal, no sé si me explico.

Las palabras están hechas de un material inestable. Son polvo de estrellas: precioso pero ligero, mudable…, frágil.

Soy fuerte. Joder, sí lo soy. Pero eso no significa que no necesite pedir ayuda. Tampoco que vayan a brindármela como espero que lo hagan.

La gestión del tiempo a solas es la clave. Es urgente disfrutar de la crisálida de la soledad y salir fortalecida del tiempo con una misma.

La vida en sí es urgente. Vivamos. Que nos pasen cosas.

No soy mis miedos, mis complejos o mis cicatrices. Soy la valentía con la que me enfrento a lo que temo, soy la sonrisa que cruzo con un desconocido, soy los puntos de sutura, llenos de purpurina, con los que coso las puñaladas.

Los recuerdos son tramposos. Las expectativas, unas hijas de perra. La ilusión, muy peligrosa pero necesaria.

Hay que coger aviones a lo loco si el cuerpo lo pide.

Se puede perder la cabeza una noche, pero recuperarla la mañana siguiente.

Hay personas que te marcarán más en un mes que otras en once. Y está bien. Aunque se marchen.

Los besos hay que repartirlos como si sobraran, como si se acabara el mundo porque… quizá sí se nos está acabando un poco cada día.

Tenemos la obligación de cuidarnos el alma. Y no pasa nada si decides guardar el corazón en una caja fuerte hasta nuevo aviso.

La vida es preciosa. Maravillosa.

La vida es un carnaval. Una fiesta. Una noche de fuegos artificiales.

267

## Carta a todos vosotros

A ti, que me quisiste tanto, que me cuidaste cuando viste que, a escondidas, intentaba zurcir los agujeros en las alas rotas, que nunca pediste explicaciones ni exigiste recompensas.

A ti, que discutiste con vehemencia conmigo cuando viste que no tenía razón, que jamás pronunciaste una palabra porque creyeras que era lo que yo quería escuchar, que no fuiste condescendiente ni interesado.

A ti, que brindaste a carcajadas conmigo y bailaste a mi lado mientras el mundo se consumía en llamas; a ti, que del fin del mundo solo te interesaba saber a quién abrazar.

A ti, que te cruzaste en mi camino y supiste sonreír hasta que la mecha de tu boca uniera el gesto con la mía. A ti, que hiciste que me preguntara cosas, que me pusiera en duda. A ti, que pusiste mariposas en mi estómago y que, cuando todo se acabó, no las pediste de vuelta.

A ti, hermana, que te acurrucas a mi lado hasta cuando estás lejos. A ti, que solo pides más tiempo para vivir cosas juntas y la sabiduría para disfrutarlas como se merecen.

A vosotros, que me disteis la vida, que seguís siendo a quien acudo cuando dudo, que da igual cuántos años cumpla... pues me trataréis como vuestra pequeña.

A vosotros.

A ti, que me mandaste canciones, fotos, regalos, flores, besos..., da igual. Que te acordaste de mí, que dedicaste un minuto a pensar en mí y en qué me haría feliz. A ti.

A ti, que me abandonaste cuando más rota estaba, que prometiste llevarme al borde del mundo para que pudiera escucharte gritar que me querías, pero que solo te serviste de lo que nos unía en tu beneficio. A ti, que ahora te escondes en el silencio para no tener que enfrentar tu cobardía. A ti también.

A todos: gracias. Por lo crecido, dolido, bailado, brindado, abrazado, besado, gemido, vivido y dormido.

Os quiero.

268

## No fue nada, pero fue bonito

Me gustaba lo mal que encajaba tu vida con la mía. Tu marea baja con mi tempestad. Tu rutina con mi caos. Tu calma con mi tornado.

Al primer golpe de vista, me encandiló esa mala pareja que hacíamos. Tú, tan niño guapo al que buscan novia y que nunca encuentra la horma de su zapato. Yo, esta mujer tan desmesurada que ni aprende ni quiere hacerlo. Tú, tan labios gruesos envueltos en un silencio bien manejado. Yo, tan Jessica Rabbit rodeada de estruendo.

Me pillé de la mala idea que éramos aun sin llegar a ser nada. Me quedé colgada de cada irresponsabilidad que cometimos.

No me enamoré, claro, porque para el amor se necesita apostar mucho más fuerte de lo que yo lo hice. Tú ya… ni lo buscabas ni lo esperabas…, y mucho menos conmigo.

Somos esa mala idea que nunca llegó a ejecutarse; ese plan descabellado, esa postal mal compuesta; ese mensaje que no se envía, esa foto que no nos hicimos.

Somos esa noche en la que todo salió mal, pero que dejó la sensación húmeda de haber sido perfecta.

269

# Placeres

Placeres pequeñitos. Placeres enormes. Placeres reencontrados. Placeres descubiertos.

El placer de disfrutar de mi propia compañía sin que ningún otro plan pudiera parecerme mejor. Paladear ese instante, estar a gusto en mi cabeza, con mi vida. El placer de darme cuenta de que cuando estoy conmigo misma no estoy sola.

El placer de saber que la importancia de mi casa no reside tanto en que sea bonita, hogareña, cómoda. El placer de que no pasa nada si no está siempre impoluta, porque lo que vale es que se llena de gente con facilidad y todos se sienten a gusto en ella.

El placer de disfrutar del placer, de ir rompiendo algunas cadenas como la del remordimiento, la culpa, la idealización o la exigencia. En el comer, en el beber, en el besar, en el vivir.

El placer de tener más días que sí que días que no. Días en los que digo que sí a mi imagen en el espejo (porque yo soy así, porque no tengo por qué estar continuamente aspirando a ser de otro modo, porque gustar a los demás nunca debería ser lo que me motive, porque el deseo no tiene talla). Días en los que digo sí a cómo conformé mi vida, a cómo está ordenada, a cómo es de puertas para dentro, a cómo quiero que siga siendo. Días en los que digo sí a la decisión de haber dicho que no. De esos hay muchos, porque he aprendido el placer de estar a gusto con el hecho de haber sido capaz de alejar lo que no me hacía feliz y no era bueno para mí.

El placer de no poder contar con las dos manos a los grandes amigos. Amigos de verdad, que lo han demostrado, con los que he compartido planes locos, noches terribles. Que me recogieron en mi casa casi a la fuerza para sacarme cuando no podía respirar. A los que llamé en mitad del caos. Que me hicieron reír a carcajadas. A los que encontré cuando buscaba… en bares, viajes, mensajes a larga distancia, coches, recuerdos, videollamadas, veterinarios, terrazas, habitaciones de hotel y madrugadas.

El placer de, a estas alturas de la vida, empezar a estar en paz. Con lo que hago. Con lo que soy. Con lo que sé. Con lo que me queda por aprender.

270

## Aquel día

La lancha abría una herida sobre la superficie del mar Caribe que se cerraba a nuestro paso. El viento nos revolvía el pelo, impregnándolo con olor a sal. Las pestañas se me despeinaban bajo las gafas de sol y el agua me salpicaba los pies.

Fue la primera vez, desde hacía mucho tiempo, que no pensé en nada más. Solo en las sensaciones. Solo conjugando el presente continuo.

Pensaba, en una balsa de placidez mental, que hay mucho cielo ahí fuera. Y en esa frase condensé tantas cosas increíbles…

Aquel día vi a dos delfines apareándose. Y tortugas. También un cocodrilo. Todos vivían en libertad.

Comí pescado con salsa picante (muy picante) y compré agua con gas, sal y limón en una gasolinera.

Ese es mi recuerdo feliz, porque el cielo era enorme, el mar llegaba al infinito y yo tenía el pecho henchido.

Aquella noche, con el sol aún pegado a las mejillas, abracé…, pero esa ya fue otra historia.

271

## Siempre fuiste diferente

No sé muy bien qué cable cortaste cuando nos conocimos, pero de algún modo hubo un apagón. Siempre supe, sin necesidad de preguntármelo, que terminaríamos como empezamos, y eso está bien, porque te fuiste como llegaste, sin prometer y con galantería. Y yo volví a mi vida sin heridas, solo con la nostalgia de no saber.

Si soy sincera, te diré que no lo entendí, ni lo entiendo; que se me escapan los motivos por los que importaste más desde el principio. Por qué me sentía diferente. Porque no me asfixiaba el acercamiento, no me aturdían las preguntas, no escondía las heridas, no paraba la irresponsabilidad del deseo… No si era contigo.

Y ahora, que te cuelas por cualquier rendija entre letra y letra, a pesar de tener que imaginarte porque no llegué a conocerte, me sigo preguntando cuál es tu diferencia, qué es lo que te hace, aparentemente y por el momento, indeleble. Qué es lo que hará que quedes impregnado en el papel por el que otros pasaron sin dejar huella.

## Esta soy yo

Esto es así: yo soy una mujer que se desborda. A algunos, este exceso les parece la evidencia de unos cimientos débiles que amenazan con desmoronarse.

Pero no es así. Yo soy fuerte. Es solo que me desbordo en el exceso y no sé ser de otro modo. Y no quiero serlo. Porque me hicieron hoguera y no sé ser lumbre. Hay mujeres discretas. Hay mujeres inteligentes y medidas. Hay mujeres que saben dónde invertir la energía. Yo no. Yo soy un elefante en una cacharrería y en cada apuesta me juego la vida. Y me gusta, porque es la forma en la que vivo. Es la manera en la que crezco. Y pongo luz. Y soy verdad.

Deseo hasta que no me quedan fuerzas para nada más. Trabajo hasta que el mundo queda hecho un borrón a mi alrededor. Yo no sé descansar sin quedarme muerta. Yo no sé quererte sin ser cerilla. Yo no sé olvidarte si no te odio. Y, para mí, odiarte es solo una forma de decir que ya no importas nada.

Así que…, sí, soy muchas cosas que no encajan. Soy muchas cosas que incomodan y no soy otras tantas que se esperan de mí…, pero de eso va, ¿no? De vivir para uno y no buscar el beneplácito en nadie más.

273

## El hombre tormenta

Recurrente como una tormenta de verano… y con la misma constancia que la lluvia. Ahora lluevo, ahora no.

Santo perro del hortelano, que deja comer, pero se molesta si no lo miran roer a él.

Conjuga a menudo el «demasiado» y tiende a adornar las frases con un puñado de condicionales que van abriendo a su paso ventanas…, ventanas con rejas. Ventanas tapiadas.

Habla el idioma del sexo más húmedo y de la imaginación, lúbrica o no, que tiende a no consolidarse nunca, que tiende al estado gaseoso. Sus palabras no son materia, solo un puñado de sueños.

Y así, despliega frente a ti un arsenal de frases hechas, de idas y venidas, de proyecciones que envuelve de caramelo. Todas paladeamos alguna vez un dulce de ese tipo. Todas caímos en la trampa de morder la manzana envenenada.

Pero ese tipo no sabe, no cuenta, no espera, a la mujer que se cansó de trucos e inventó su propia magia. La que aborreció la poesía y ya no cree en la rima. La que no necesita más fuego del que arde en sus vísceras.

No es una guerra. No. Es solamente como el nacimiento de Atenea, que surgió adulta y totalmente armada de la frente de Zeus.

Así es esa mujer para el hombre tormenta: mitad Afrodita nacida de la espuma, mitad fiero dolor de cabeza.

## 274

## Aún miro esas fotos

Ya he entendido que no sacaré información de las fotos que ya vi trescientas veces. Siguen siendo las mismas. Las mismas expresiones. Los mismos paisajes. Las mismas poses. La misma gente etiquetada.

Sin embargo, después de todo este viaje y a pesar de haber asumido que no sacaré nada en claro, sigo visitándolas de vez en cuando. Y lo miro.

Repaso las facciones, los detalles, la ropa que llevaba en esas fotos. Y me calma a la vez que me angustia.

Sé que tengo que dejar de hacerlo y lo haré. Muy pronto, además.

Pero lo miro. Lo miro porque ya no lo tengo. Lo miro porque en esas fotos aún no ha pasado nada y crean la falsa sensación de calma. Lo miro porque en ellas sigue siendo como yo lo recuerdo y eso me hace sentir que lo vivido no se esfuma. Que permanece. Siempre.

Un día, que ya siento cercano, ya no me interesará ver sus fotos. Tampoco escuchar sus canciones. Ni su perfume. Cruzarme con alguien por la calle que huela como él dejará de fastidiarme. Y ya no lo desearé.

Pero, hasta que ese día llegue, y aunque me voy quitando poco a poco ese vicio, como en su día me quité el de fumar, sigo acudiendo a sus fotos, cuidadosa de no dejar un «me gusta» furtivo, de hacer zoom solo en las que sale tal y como yo lo recuerdo y de no ahondar demasiado.

Me sigo preguntando qué fue lo que hice mal. Quizá no hice nada mal. Quizá ya no importe. Pero mientras pierdo el miedo a que esas preguntas dejen de tener sentido, miro sus fotos. Y es lindo.

275

## Ficción *versus* realidad

Es posible que las mejores historias de amor nazcan de la imaginación y que no sean más que eso, pura magia. Espejismo. Vapor.

Lo pienso a veces cuando escribo. Porque en lo que se escribe, en el cine, en cualquier creación artística, todos los elementos de la historia son colocados y ordenados para que el amor triunfe.

Y la vida real no es así.

Hay complicaciones, malentendidos, prejuicios, heridas, mala gestión de las emociones…, somos superficiales, cobardes, orgullosos e imperfectos. Y aunque en la ficción el amor puede con todos esos obstáculos, en el mundo real, no. Y hay veces que debemos dar gracias por ello.

Sin embargo, mi cinismo tiene un límite. Supongo que como escritora de ficción romántica he intuido la tramoya, la trampa y los engranajes de esto que llamamos amor, pero no puedo evitar pensar (quizá sentir) que hay más. Una mota de polvo brillante que hace que te pique la nariz aunque estés cegado. Un cenote en el estómago donde chapotean la risa, el gozo, la ansiedad, el placer y el llanto. Un territorio desconocido que a veces nos da mucho miedo. Porque no hay red. No la hay.

Supongo que todo se podría resumir en una comparación estúpida y algo frívola: quizá en la ficción el amor sea perfecto, pero es como esas escenas de cama de las películas; son estéticamente preciosas y…, seamos sinceros, también mundanamente aburridas.

A veces lo perfecto no alcanza para sentirnos llenos.

Y eso es maravilloso.

276

## Esbozos

Hoy he soñado contigo. Y ha sido raro, porque yo sabía que estaba soñando y tú parecías saber que yo lo sabía. Y daba igual.

No era un sueño romántico; era uno de esos sueños absurdos con mucho personaje secundario y mucho atrezo. Pero estábamos los dos y eso, probablemente, fue lo que me hizo tener un mal despertar.

En el sueño estaba lúcida, pero lo habitualmente imbécil como para caer en la trampa de pensar que era una pena no poder olerte. Y que estabas muy guapo, eso también.

Hay un anuncio de tu perfume en la parada de metro junto a mi casa al que le pongo mala cara siempre que tuerzo la esquina.

En realidad, era un sueño hostil y sin sentido y lo único bueno era tu boca, que me daba hambre y me recordaba, tras revolcarme sobre un colchón, que de mala idea no pasamos.

Me he levantado pensando que debimos dejarlo donde lo encontramos. Allí sigue sonando cumbia y bachata y aquí solo hay sonido de semáforo.

277

## Darse permiso

Dime una cosa…, ¿te permites fallar? Y, sobre todo, ¿te concedes el placer de no buscar gustarle a todo el mundo?

Porque lo que dices, lo que haces, lo que creas, lo que sientes… tiene el centro en ti y para ti es. Y solo tú puedes darte el beneplácito para vivir como necesites hacerlo.

Conozco dos maneras terriblemente eficaces de ser infeliz: una es intentar ser alguien que no somos y la otra es intentar que la que sí somos guste a todo el mundo.

278

## Me escondía

Me tenía escondida. En un cajón, en el bolsillo, en su teléfono, en el dormitorio de su casa, a oscuras. Siempre me recibía a oscuras. Con la boca entreabierta, los brazos famélicos, pero a oscuras.

Eran tiempos de hambruna.

Creo que era un maestro del escondite. Escondía su deseo por mí. Sus manos debajo de mi ropa. Sus labios en mi cuello. Su lengua en mi boca. Escondía, detrás de un montón de poesía sobada de tanto usarla, lo que sentía. Y lo que sentía sigue siendo, hoy en día, un galimatías de verdades a medias, enteras y vacías, que ya no me interesa desentrañar.

En el juego del escondite, me escondía a mí, como no escondió a otras antes o como no escondió a quienes llegaron después.

Me escondía en un juego de espejos que mostraba un holograma. Y tras este el mundo ardía.

Ardía él, por entero, y su cara guapa.

Ardía yo, a trozos, mi carne y mi exceso.

Ardía lo que teníamos, que no tenía nombre o identidad, pero sí tenía cuerpo.

Ardía. Como gasolina. Como queroseno.

No éramos fuegos artificiales, por eso me escondía.

Nosotros éramos un incendio forestal descontrolado y provocado. Algo que no está bien. Algo de lo que no se presume.

Bastó con entenderlo, no obstante, para empezar a presumirme yo. Porque yo, ardiendo o no, no me avergüenzo.

## 279

### Mujer exceso

Era una mujer exceso, a la que le crecían flores entre los pechos y le brotaba vino de los dedos.

Era una mujer que sonaba a palmas y carcajadas, cascabeles, música y libros.

Era una mujer que no entendía ser vergüenza y ser secreto, que eligió ser escogida y presumida.

Era una mujer cansada de los tipos a los que les molestaba el viento y que un día dijo «a la mierda con tanto ruido».

280

## Batalla perdida

No sé si la contradicción es un pecado, capacidad de adaptación o simplemente inherente al ser humano. A lo mejor me entristece algo que forma parte de la cadena misma de nuestro ADN. No lo sé, pero navego entre la sorpresa y la frustración al darme cuenta de lo capaz que soy de decir algo que sé que debo, pero no quiero. Es posible que esto sea a lo que se refieren cuando hablan de hacerse mayor.

A veces batallo causas perdidas de antemano y lo hago a muerte, con una diana en el pecho y otra en la frente, con el cuchillo entre los dientes y las manos desnudas, escarbando en la basura hasta dar con algo que me dé la razón. Porque la que pelea es la cabeza y lo hace en contra de los sentidos, y el común no está entre ellos.

A veces te sientes tan bien haciendo lo que está mal y tan mal haciendo lo que está bien…, que, bueno, ¿a quién le importa si hay un precio que pagar? Y supongo que a la moneda con la que lo hacemos la llamaremos contradicción.

Qué relación tan complicada la del yo que piensa y la del yo que siente. Creo que invertiré mi vida en escribirles una bonita historia de amor.

281

## La eternidad en plena madrugada

Voy a hacer un nudo con todos los mensajes que escribí de madrugada y no mandé. Lo ataré a mi muñeca y el aire que contuve en mi pecho cuando decidí borrarlos me hará volar.

Es en mitad de la noche y mirando el vino deslizarse por el cristal de la copa cuando entiendo que en unos casos me sobró amor, en otros me faltó ternura, en el resto, probablemente, me asustó la posibilidad de que volvieran a amarme mal.

Suele ser de madrugada que acaricio, como de lejos, la certeza de que tengo la costumbre de marcharme mucho antes del día en el que digo adiós, que me sigue doliendo haber hecho lo correcto, que te hubieras enamorado de mí si…, y los «y si» es una de esas cosas que siempre se nos dio de culo. No la única, que conste.

Ayer iba a escribirte que te echo de menos, pero hasta yo, reina del absurdo, sé que no tiene sentido. Que tú también y tú no y tú tampoco. Porque lo más maravilloso de esto es que siempre fue incomprensible, extravagante e irracional y nunca existió del todo.

Y en esa magia que no hubo seremos eternos.

## Por si el eco oscuro se cebó contigo hoy

Me pregunto de dónde sale esa voz malvada que susurra por las noches que no merecemos amor, que la culpa es nuestra, que no podemos aspirar a tener aquello que ansiamos.

A menudo me parece evidente que esa voz surge de la herida mal curada, de los duelos no gestionados, del pensar demasiado después de sentir algo que no llena. En otras ocasiones, sin embargo, creo a pies juntillas que es culpa de un mundo que nos quiere rotos para tener qué vendernos más fácilmente.

No lo sé. Lo cierto es que no tengo respuestas. Yo tampoco sé cómo vivir, sencillamente lo hago como puedo y soy. Sin embargo, déjame decirte algo, por si el eco oscuro se cebó contigo hoy:

Mereces ser querida. Mereces ser perdonada si te equivocaste. Mereces tener ilusión. Mereces mirarte al espejo y verte. Mereces lo que has conseguido. Mereces ser deseada. Mereces desear. Mereces ser el centro de tu propia vida. Mereces el autocuidado. Mereces ser cuidada. Mereces que te miren con los ojos brillantes. Mereces, así que no te quedes con aquello que llene menos de lo que mereces.

283

## La intimidad es…

… contarte los motivos por los que arrastro la ansiedad desde los dieciséis. E insistir en que la terapia me ayudó a conocerlos. A conocerme. La intimidad es animarte a hacer lo mismo.

La intimidad es reírme sin que importe el sonido estridente de mi risa o si entendiste mi broma tonta, con una referencia a una serie de dibujos que ya no se emite.

La intimidad es agarrar la taza de café que me tiendes y hacer un comentario totalmente fuera de tono sobre tus pantalones de pijama o sobre cómo me sentará tomar más cafeína.

La intimidad es balbucear la letra de una canción de rap que me siento vieja cantando y cerrar los ojos contra el cristal de la ventanilla, con el rostro al sol, mientras suena Florence and The Machine.

Intimidad es correr en bragas sin importarme que el arco que se dibuja entre mis muslos sea cóncavo y no convexo.

No meter tripa cuando me abrazas. Eructar sin darme cuenta después de un trago de cerveza demasiado largo. Decirte que hueles regular después de abrazarte. Lavarnos los dientes juntos. Hacer apuestas tontas. Comer sin miedo a tu lado, dejando un puñado de migas en mi regazo. Que te comas las sobras de mi plato. O eso que probé y que no me gustó.

Sudar en la cama porque la calefacción está muy alta. Hablar sobre las pastillas que el mundo debería tomar, los conciertos que más nos gustaron y los viajes que nos debemos a nosotros mismos, sin contar con el otro. Tocarnos la piel con la falsa naturalidad del que aún se turba con el olor del otro.

Reírnos las gracias. Pelearnos por quién tiene razón. Confesar a oscuras que nos sentimos una mierda y que no importe.

Intimidad es un término caliente que quema tanto como un bloque de hielo en las manos. Una palabra confusa y resbaladiza, viscosa y sin forma, que se acurruca como un gato sobre las piernas con amigos, familia y amores, democratizando el amor sin que importe cuál sea su tipo, su proyección, cuánto dure.

Intimidad es vivir sin que uno tenga que plantearse estar haciéndolo.

284

## Carta a mi ansiedad

Querida ansiedad, tenemos que hablar.

Y sí, esta frase nunca trajo nada bueno.

Querida ansiedad, lo nuestro debe terminar. No tiene sentido. Me mengua, me duele, me resta, me limita. Durante un tiempo, te confundí con protección, pero hoy sé que solamente eres asfixia.

Así que tienes que marcharte. Tienes que dejar de decirme que no puedo, que los demás son mejores, que tienen razón las personas que dicen de mí «equis» o «y», que nadie me va a querer con este cuerpo, que todo lo que me pasa es porque no soy suficiente. Tienes que soltarme la garganta y dejar de lamerme el cuello mientras susurras que nunca lo conseguiré, que soy débil, que debería sentir vergüenza, que me esconden, que me merezco lo mediocre, que nadie va a querer recibir lo que tengo que dar.

Tienes que marcharte, porque no quiero que me abraces nunca más, que me quites el apetito o que me lo des a manos llenas, que me obligues a obsesionarme con mis faltas, que me dediques canciones tristes por la noche y me digas que la felicidad es una fotografía en la que yo nunca saldré bonita.

Así que… ya está. Te vas. Sé que no lo harás de una vez. Sé que tardarás en recoger toda la basura que escondiste en mi cabeza, mi pecho, mis tripas y mi boca, pero tengo paciencia. Bueno, no la tengo, pero aprenderé. Y te encerraré en una caja bajo llave que luego tiraré al mar.

Lo siento, ansiedad. Lo nuestro siempre fue muy tóxico. Un amor de película de terror que no quiero repetir.

No me gustas. No me excitas. No me haces sentir segura ni en casa.

Adiós, ansiedad. He decidido averiguar quién soy cuando tú no estás.

Con cariño,

Yo

285

## Historia circular que quema

Hay algo en el modo en que me miras que quema. Da igual qué tipo de palabras floten en el éter, en el espacio creado entre tu cuerpo y el mío; hay algo que quema.

Hay un ascua prendida detrás del brillo de tus ojos, que siempre parecen hambrientos; una llama en el hambre impertérrita que siento dentro.

Hay promesas no hechas, que ninguno de los dos tiene intención de cumplir, floreciendo en las ganas que palpitan silenciosas.

Hay un secreto a voces, cantado en un idioma que desconozco pero entiendo, que nada en cada mensaje que escribimos.

Tu boca en el borde de ese vaso de cerveza. Hierve mi bebida. ¿Lo notas?

Mi mano cerca del borde de la mesa; la tuya sobre tu rodilla. ¿Lo sientes?

Tus ojos sobre mi boca; mi boca sujetando un pitillo. ¿Escuchas el gemido?

Hay algo en el modo en que me miras que quema, pero ambos prometimos apartarnos del fuego.

286

## Mi religión

Creo en el poder de la carcajada, de dormir abrazados, del silencio en la batalla, de abandonar guerras que no son las mías y en las que siempre me sentiré en el bando perdedor.

Creo en el poder de un día de lluvia en la cama, del tacto del papel entre las manos, de una ducha larga y caliente, de una canción que dice por ti lo que no supiste decirme.

Creo en el poder de las sábanas recién lavadas, del olor a palomitas de maíz, del ronroneo de un gato, de decir «estoy aquí» y estarlo.

Pero, sobre todo, creo en el poder de escucharme el pecho y sentir, tranquila, que el canturreo que hay dentro es de guijarros y río.

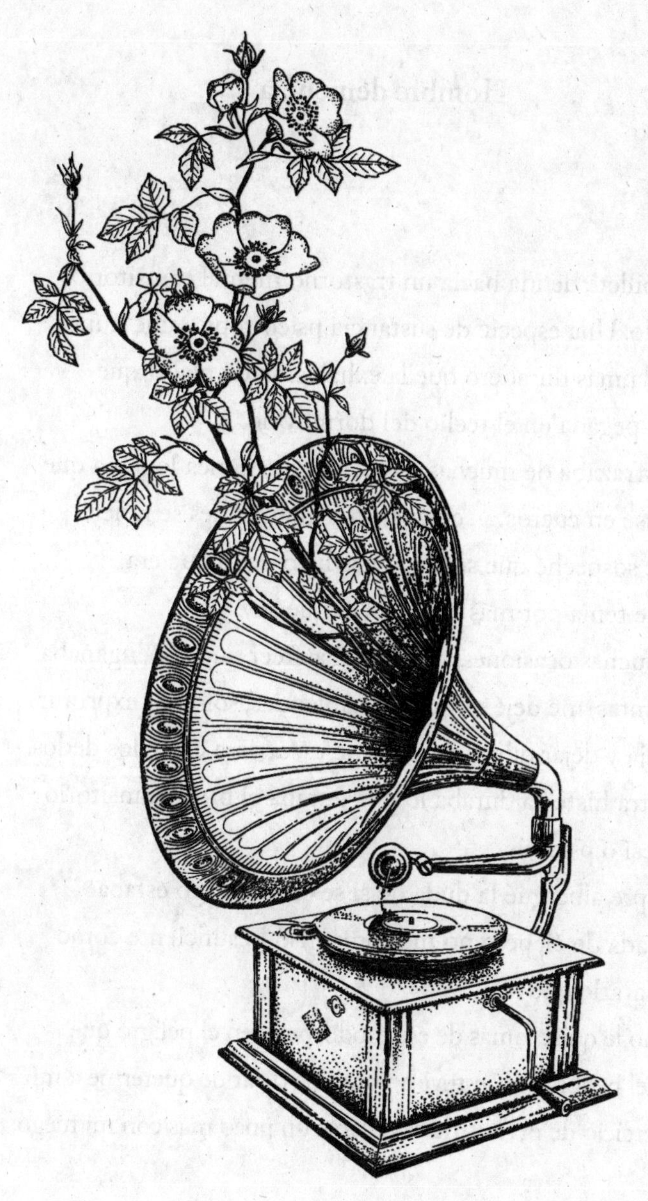

287

## Hombre demencia

Era mi billete de ida hacia un trastorno mental transitorio asegurado. Una especie de sustancia psicotrópica que nunca traía nada más duradero que la exhalación de placer que quedaba pegada en el techo del dormitorio.

Se disfrazaba de muchas cosas, aunque nunca lograba que no le viese en cueros…, en cuanto a intenciones se refiere. Siempre sospeché que se creía más listo de lo que era… o que me tenía por más tonta de lo que soy.

En muchas ocasiones, yo le dejaba creer que me engañaba. Otras tantas, me dejé engañar, a sabiendas, solo por exprimir la naranja y dejar que el jugo se me escurriera entre los dedos.

Nuestra historia duraba lo que duraba el brote transitorio de frenesí o psicosis.

Siempre albergué la duda de si se creía que yo estaba enamorada de él, pero no me compensó lo suficiente como para aclararle que no.

No, no le quise jamás de ese modo, pero, en el peligro que supone el hedonismo, estuve a punto de dejar de quererme a mí en el ejercicio de permitirle calentarse un poco más con mi fuego.

288

## Hombre ceniza

Hace tiempo que escuchaba el viento soplar a través de la membrana de lo que nos unía. Lo que nos unía; ese «nosotros» siempre polisémico que en realidad escondía una docena de significados vacíos.

Hablas mucho, haces poco, lo poco que haces es siempre porque te apetece o te da miedo.

El silbido del viento se intensificó estos días, mostrando a quien quisiera ver que el tejido estaba roto por tantas partes que ya no se curaría con aguja e hilo.

Porque lo cierto es que te guardo rencor y ese rencor difícilmente sana. Porque lo cierto es que te he visto hacerme daño sin que saberlo te impidiera hacerlo.

Porque se me han acabado los argumentos para justificarte y las ganas de mirar hacia otro lado.

Me cuesta horrores irme. Siempre siento que hay algo que se puede salvar. Hoy, sin embargo, inicio el viaje y me reconforta saber que me cansé de soplar hogueras que nunca fueron verdad.

No nací para ser ceniza, querido. Me voy donde pueda seguir siendo pedernal.

289

## Hombre niño

Me gusta la facilidad con la que aprendí a abrazarte. Un día subías las escaleras muerto de vergüenza y al siguiente susurrabas enroscado a mi cintura, sin buscar más placer que el del abrazo.

Me gusta tu sonrisa de niño porque, después de chocar contra tanto hombro resabiado, el viento es más fresco a tu lado.

Me gusta la forma en la que defiendes tu esfuerzo y hasta el modo en el que no entiendes el mío. Me gusta que te gusten cosas que no sabes aún que te gustan, aunque lo sospeches.

Me gusta que te brillen los ojos, que asumas que queda tanto por aprender, que escuches, lo mal que bailas con tus patas largas, las bromas que nadie más entiende y tu café.

Me gustan esos suspiros que parece que te ahogan hasta que pongo la palma en tu pecho, el gesto tímido con el que me abrazas y que hables bajito cuando dices cosas importantes.

Me gustan muchas cosas, sospecho que ya demasiadas, pero eso, chiquillo, supongo que ya lo sabes.

290

## Carta a mamá

Querida mamá, tengo algo que contarte.

¿Recuerdas cuántas veces guardaste en nuestros bolsillos la palabra «independencia» y nos dijiste que era un tesoro? Yo te creí, ya lo sabes. Construí a partir de esa piedra la atalaya de mi vida. Siempre te di las gracias por enseñarnos que debíamos saber hacer las cosas solas para poder escoger hacerlas junto a alguien.

Ahora bien…, me pasé de rosca. Me enrosqué en el concepto, me encerré en su mazmorra, le di las llaves del castillo. No supe hacerlo, mamá.

Y ahora entiendo que no hay que ser invencible, que se puede ser vulnerable sin que eso te haga débil, que la debilidad no es mala. Me descubro muerta de vergüenza por tener que decir «No puedo». Se me llena la boca de males y miedo al asumir flaquezas. Me tiembla la voz pidiendo ayuda.

Y tú, mamá, que me amaste ya el primer día, en la bocanada histérica de aire que tomé al nacer, en la fuerza y en mis debilidades, me conoces bien. Y me ves aprender ahora a decir «Me duele», «Necesito parar», «Abrázame fuerte esta noche»; y me miras orgullosa mientras coloco la palma y la rodilla en el suelo para levantarme sin ganas de disimular la caída.

Y, ay, mamá, me levanto, claro que me levanto. Me levanto y te prometo aprender más despacio, masticar antes de tragar y seguir soñando.

Por ti.

Por mí.

291

## Déjame marchar

Siempre te tuve más miedo que esperanza y, quizá por ello, es hora de aceptar que lo mejor es dejarlo marchar.

Nunca me atreví a decirte que me hacías latir, porque aprendí pronto que los hombres como tú no se quedan con las chicas como yo…, y el tiempo no ha hecho más que darme la razón.

Así que adiós, me tengo que cuidar de ti…, de la sensación de no haber sido lo suficientemente buena para lo que tú deseabas.

No eres lo que necesito. Los tornados que lo barren todo en tu interior derribaron mis tejados y, asumámoslo, eso no es para mí. Porque dentro tengo un ciclón y necesito un hombre que traiga calma y no tu vendaval. Porque solo quiero aterrizar en el pecho de alguien que equilibre mi tempestad. Y te he visto azotar demasiadas estaciones del año con nieve, viento, lluvia, fuego y soledad.

Yo tampoco seré nunca lo que buscas. Tú quieres que te amen con histeria, una mujer preciosa que haga volver la cabeza de aquel con el que os crucéis. Quieres una fotografía en blanco y negro que el tiempo convierta en color sepia, romántica, apasionada, bella. Quieres belleza, labios mullidos, intensidad, un cuento de hadas…, y aquí estoy yo, imperfecta, toda tormenta tropical agazapada en el disfraz de la mujer a la que ya le hicieron demasiado daño. Yo soy una fotografía en movimiento, un borrón de luces de colores y la historia que cuento se conjuga en una lengua que no entiendes.

Dejémonos marchar. Dejémoslo aquí. Como las sábanas de hotel que no manchamos, el avión que no cogiste y los vídeos que no grabamos. Como la sensación que no tendremos, ninguno de los dos, de sentir que te vas, te vas, te vas… dentro de mí.

Supongo que es lo mejor, porque suponer no es saber.

Perdóname por no ser todas las cosas que querías para ti y que no soy. Yo ya te perdoné por no abrazarme cuando lo necesité.

292

## Preguntas

¿Cómo le digo a las mariposas que no quiero que vuelen en mi estómago cuando te veo? Si han vuelto de un viaje de descreimiento y cinismo siguiendo el recorrido de la yema de tus dedos.

¿Cómo obligo a mi boca a no sonreír al verte? Si de un salto de tus patas largas yo me hundo en el cascabel de tu risa de niño.

¿Cómo freno las ganas de bailar contigo? Si entre los cojines del sofá somos capaces de recorrer kilómetros, si al abrazarme a tu pecho se me olvida que nos miran, si cuando enroscamos los dedos vuelvo a tener quince años.

¿Cómo le digo a la vida que no corra tanto? Si yo nunca fui de reducir las marchas y pisar el freno, si solo me sale cuando estoy contigo.

¿Cómo le digo a tu cuello, cómo, que huela como yo espero? Si aún no vivimos la vida en la que, juntos, esto no es más que un recuerdo.

No voy a esperar sentada al telar a que vuelvas del viaje del héroe, pero, niño, no tengo prisa que imponerle a tu tiempo.

Si te apetece, al volver, recuerda que dejaste en mi pecho un paquete de ganas de aprender a recibir un abrazo. Y que yo te lo guardo.

293

## Al amor le pido…

Que me deje siempre ser yo.

La libertad de ser feliz también a solas.

No confundir lo apasionado y lo tóxico.

El silencio con mis pies en su regazo.

Saber quererme sin tener que tomar como referencia lo externo.

Un pecho en el que encontrar la calma.

Una boca con la que perderla.

Una mano que no estorbe, incomode o me dé miedo si acaricia la mía.

Más hechos que palabras.

Más besos que desencuentros.

Tiempo… que compartir, que repartir, que sentir; juntos, por separado, rodeados del mundo, solos.

Que siempre nos sepa a poco comernos enteros.

Que siempre se nos ocurra una fantasía mejor.

Que la risa alcance cualquier rincón.

Que me rete, que me haga pensar, aprender, volar.

Que me quiera hacer mejor. Y lo haga.

Al amor le pido…

Que me cuide a la familia.

Que no me falten los amigos.

Alguien valiente.

Mucho amor propio.

294

## La importancia de cambiar las sábanas

Nos despedimos de puntillas, tú porque te ibas como te vas siempre, con prisas pero despacio, a hurtadillas, queriendo pero a regañadientes; yo porque me había quitado los zapatos y entonces sí me parecías tan alto como recordaba.

Tus gafas descansaban en el brazo del sofá, donde las dejé colocadas para poder besarte sin cuidado. Perdóname, entiendo los besos como la lluvia, sin buscar los márgenes.

Me las puse para saber cómo veías tú el mundo y te parecí bonita, como a mí el reencuentro, tu olor en mis manos, la idea de habernos echado de menos. Al devolvértelas parecías de nuevo el buen chico que trabaja demasiado, duerme poco y no busca un hueco entre mis muslos. Ni rastro del que minutos antes susurraba en mi cuello palabras a medio hacer. Ahí estaba; el tipo que siempre pensé que eras.

No sonaron canciones cuando nos besamos en la puerta una, dos, quince veces. No sonaron canciones, pero yo tarareaba una decena ya olvidada. No encendiste la luz, porque para olerse y apretarse no hacen falta los ojos; para decir «Te he echado de menos» se necesita una lengua y un oído y los nuestros andaban armando y aprendiendo el dialecto de quienes han compartido algo húmedo.

Y en plena oscuridad se hizo la luz.

No sé si dijiste «Ya nos veremos» o «Ya hablaremos», pero me pareció terriblemente frío para salir de entre tus labios y supuse que hay cosas que una vez hechas no se pueden deshacer.

Hay cosas que lo cambian todo y todo ocupa demasiado como para ver más allá.

Pasó un rato. No mucho. La ciudad se colaba con su histeria nocturna por las ventanas y el frío azotaba las plantas de la terraza. Yo, sentada en mi cama, mirando la pared, rebuscaba entre mis tripas el origen de la angustia. A veces no hay nada más perturbador que la representación de una escena en medio de una ciudad devastada. ¿Y si éramos eso?

Encontré entonces, entre el pecho y el estómago, el cristal brillante de una terrible certeza: estaba volviendo a ser idiota. Tu idiota.

Que no es que temiera que te fueras de nuevo…, es que sentía que quizá ni siquiera habías vuelto.

Y entendí cuánto no valía el amor y cuánto quería a cambio.

Antes de dormir cambié las sábanas.

295

## Lo que exijo a cambio

Y ahora voy a pensar en lo que merezco. No en lo que necesito, deseo, tengo o me falta. En lo que merezco.

Merezco que te desvíes hasta mi portal solo para darme un beso. Merezco que, en tu reloj, yo le gane el pulso al tiempo.

Merezco que quieras coger mi mano y que al hacerlo te sientas lleno, nervioso, orgulloso, un niño.

Merezco que me traigas el café a la cama… al menos una vez. Merezco que me des la oportunidad de hacerlo también contigo. Merezco que me sonrías al despertar. Que me beses en la calle. Que me presumas con tus amigos. Que te avergüences si en el bar me pongo a cantar.

Merezco que apagues el despertador a la primera si yo no tengo que madrugar. Que me esperes con la toalla preparada al salir de la ducha. Que respetes que no me gusten los paraguas, pero que odie que la lluvia me moje el pelo. Que a veces dejes pasar que conteste tonterías cuando la cosa se pone intensa. Que mis hombros sean uno de los sitios preferidos de tus labios.

Merezco que nos enviemos canciones un poco ñoñas y luego nos pongamos fieros en el sofá. Muy fieros. Que me pongas en duda, me des la razón o me lleves la contraria según clame el cielo… o tu pecho.

Merezco que nunca me dejes con la palabra en la boca, que pienses antes de hablar, que te preocupe cómo me harán sentir tus palabras o tus silencios, que respetes la mujer que soy.

Y lo merezco.

A cambio pagaré con una moneda diferente pero de igual valor, que con otros gestos te dé aquello que tú mereces. No puedo prometer cambiar mi naturaleza por la tuya, ser el reflejo de tu espejo, pero sí equilibrar la balanza entre tu emoción y la mía.

Y, si no estamos de acuerdo…, y, si no crees que es esto lo que merezco, despidámonos con un abrazo y deja espacio para que yo misma me dé aquello que quiero.

296

## Cuando no te reconoces

Y de pronto te cansas de cómo te mira el reflejo del espejo; esa mezcla de culpabilidad, debilidad y decepción.

«Que ya lo sabes», te dice. «Que tú tienes mucho más que dar».

Y sí, sí que lo sabes, pero estás a punto de creer que solo eres aquello para lo que el cuerpo se desliza de manera sigilosa cuando te abandonas.

Pero no te encuentras la voz y tú te recuerdas gritando, cantando, diciendo. Pero descubres melancolía flotando en tus ojos en una foto en la que solo deberías tener rubor en las mejillas, y tú recuerdas haber tenido fuerza en las pestañas.

Pero te ves tratando de vomitar ese pedazo de hielo que te flota en el interior, justo en el mismo sitio en el que un día sentiste fuego.

Hay pocas decisiones más difíciles de tomar que la de decir adiós a algo que te hace sentir una versión de ti insuperable… solo durante un rato.

Las cosas a medias quedan sostenidas en el mismo limbo al que van las almas que no pecan, pero porque nunca llegan a vivir para hacerlo.

Hay pocas decisiones más difíciles, pero una vez tomado el camino no se puede desandar.

Y quizá lo que nos espere por delante sea mejor, y eso sí te lo merezcas.

297

## Lo que importa

La importancia de saber sumar, de entender cuándo las cosas significan algo más.

La importancia de dar nombre a los silencios con honestidad y saber qué significan los gemidos… si es placer, si es pena, si es terror.

La importancia de abrazar el miedo, de darle forma, título, de encontrar el motivo que se transforma en constante y fantasmal piedra en el zapato.

La importancia de la piel, del abrazo, del olor en la almohada, de reconocer en voz alta frente al espejo el nombre en el que piensas cuando esperas a que el agua de la ducha salga caliente, cuando escuchas canciones nuevas, cuando te miras desnudo, cuando te despides en la puerta de casa… de alguien que no es esa persona.

La importancia de saber sumar la amalgama de pluses que flotan en el aire y enfrentarse con valentía al resultado.

La importancia.

## Así es como quiero

Hay algo que tienes que saber sobre mí, sobre cómo quiero y me enamoro.

Yo soy una loca, ¿sabes? Una de esas locas que quieren como en las novelas…, en los monólogos internos de la protagonista; a fuego, pero sin histerias ni megáfonos. Yo no le gritaré al mundo que te amo porque en las muestras de amor desorbitado suelo ver la carencia del mismo.

Yo te diré que te quiero, pero no al despedirme por teléfono o al salir de casa. Te lo diré cuando lo sienta empujar la garganta y quiera salir bailando en palabras. Te prepararé cafés en tazas bonitas y te las llevaré a la cama. Te despertaré con cuidado y con cariño y, seguramente, después siempre desee hacerte el amor…, aunque eso es un eufemismo.

Soy de las que cogen taxis, trenes y hasta aviones para darte un solo beso. Una loca que bailará con tus amigos mientras les lleno las copas.

Te pediré silencio mientras leo, claro. También mientras trabajo. Te pediré que disfrutes de la música mientras nos tenemos como única actividad.

Me atreveré a cocinar cosas para nosotros y llenaré la casa de flores y canciones viejas.

Te besaré los párpados y las yemas de tus dedos y te contaré cosas muy deprisa, casi siempre riéndome de todo.

Te abrazaré mientras cocinas, oleré tu almohada, te preguntaré cómo te sientes y te escribiré notitas que dejaré en tus zapatos o junto a tu cepillo de dientes cuando no me veas.

Practicaré la palabra y el gemido. Me haré especialista en el abrazo y en olerte como si fueras comestible. Me gustará tocarte, que me cuentes tus cosas, que quieras saber qué opino y encontrarte en el portal cuando no te espero, aunque de tu boca salga un «he venido solo a darte un beso».

Yo quiero como en las películas francesas, pero no a la parisina. Yo no convertiré nuestro tiempo en el centro del mundo, pero será uno de mis rincones preferidos.

Ahora ya lo sabes. Ahora ya… es cosa tuya aceptar los términos.

299

## Ya no sabrás

Hay una nostalgia infinita en las historias que no lo son. Lo he pensado al despertar…, he reflexionado todas esas cosas que nunca sabrás, en la vida que ni siquiera imaginamos y que no tendremos…, la que cuelga empapada del hilo de tender. Ese cuento que, de tanto no escribirlo, casi existió.

Ya no conocerás a la mujer dulce que guardo dentro y que esperaba el momento para saltar. La templanza con la que me enfrento a los problemas de verdad. La intensidad con la que vivo la emoción más allá de la piel. Soy una puta romántica, joder…, aunque en el joder me sienta más dueña y más cabal.

Ya no sabrás nada, en realidad. De la fiesta en el estómago que estallaba cuando te veía, de los besos que masticaba y me tragaba para que fuese más fácil no darlos, de las canciones en las que encontré posibles vidas, de cuántas veces ahogué la rabia en la almohada. Nada de nada.

Pero así es mejor. Así es de verdad. Porque tú no sabrás nada y yo seguiré aquí, en números rojos en lo que respecta a entender.

300

## Hombre niebla

Te imagino aquí acurrucado y siento una mezcla de placer, vértigo, miedo, calma y culpa. Cuando te imagino siempre hay niebla en todas partes, hasta entre mis dedos. A lo mejor imaginarte es como pasear por Londres y yo aún no lo he entendido.

Por no entender, no entiendo nada más que la solidez del deseo y el vacío enorme que crea la necesidad que lo llena todo. El hambre, la sed, el frío, el fuego en la boca. La boca reseca de tantas ganas chorreando por la barbilla.

No entiendo el tiempo, no entiendo no cumplir con la norma, no entiendo qué me pasa por dentro cuando estás dentro ni tampoco lo que ocurre cuando sales. No entiendo la culpa, no entiendo la falta, la ofensa ni el miedo. No entiendo dónde está el pecado en algo que no se puede evitar y que cuando se evita no es más que ropa empapada, colgada en la cuerda de tender sin dejar de gotear sobre el suelo… mientras llueve.

301

## Perder el control

Me miraste con un brillo feroz en los ojos. En la oquedad que flotaba en el centro de tu pupila nos reflejamos, como en un truco de magia, comiéndonos a besos en la oscuridad de la parte de atrás de un taxi.

El tráfico rugía a nuestro alrededor cabalgando fiero hacia arriba, a tu espalda, y desbordándose de la calle que quedaba tras la mía.

«Bueno, pues adiós».

«Me lo he pasado genial, como siempre».

Quise irme sonriendo sin más, pero tiraste de mi ropa para fundirnos más allá de nuestro abrigo. Tú me notaste tensa…, yo tardé muy poco en sentir cómo se abultaba la tela de tu ropa.

Sucedieron muchas cosas entonces y la realidad no registró ninguna. Ni la respiración contenida, que pasó a sonar como el cascabel de mi risa cuando tu barba le hace cosquillas en la fina piel del muslo. Ni la imaginación, que se convirtió en una niña caprichosa comiéndose una naranja chorreante. Todo se resumió en la sensación palpitante de tenernos a manos llenas, a oscuras, a plena luz del día, en un rincón de la escalera, contra la pared…, y siempre duro, y siempre intenso, y nunca cierto.

El claxon de un coche estalló contra el momento y lo partió en partículas diminutas de deseo, que rodaron por todas partes y que inhalamos hasta depositar en nuestros pulmones.

Me volví y caminé calle arriba, convencida entonces de que ser dueña de una misma es infinitamente menos placentero que perder el control contigo, pero a la larga es muchísimo más seguro.

302

## Sin trampas

Esta soy yo. Sin filtros. Sin trampa ni cartón.

Tengo dos ojeras marcadas porque el *jetlag* me está matando.

He vuelto a olvidar hacerme la cera en el labio superior y depilarme las cejas. No llevo fondo de maquillaje, solo una prebase que promete alisar el rostro, pero no sé yo. Me sigo viendo los poros dilatados en las mejillas.

Llevo la ropa negra llena de pelos de gato y no encuentro el quitapelusas por ninguna parte. Ni siquiera he recogido la bandeja con los platos de la comida de hoy y las mondas de mandarina.

Todos los días aprendo algo nuevo y no todos los días es algo feliz. Lloro a menudo, casi siempre a solas, culpándome de lo que me sale mal. Soy así, aunque intento cambiarlo.

Estoy tratando de quererme más y mejor. Unos días lo que veo en el espejo me satisface (que no me encanta) y otros me hace sentir tremendamente mal. No soy y no he sido nunca una mujer con un físico normativo; probablemente nunca lo sea. Me acomplejan partes de mi cuerpo.

A veces uso filtros en las fotografías, pero no como parte del proceso de quererme más. Ese trabajo lo hago frente al espejo y educando a mi lengua para hablar mejor de mí misma y desterrar los «qué horror», «qué fea», «soy animal de compañía», «terrorífico», «qué desastre», «soy imbécil». Porque las palabras son importantes y lo que nos decimos a nosotras mismas construye la base de la relación que establecemos con ese yo íntimo y consciente.

Solo escribo esto para mostrar la vulnerabilidad de esta mujer que soy.

Soy una mujer fuerte; lo he sido durante toda mi vida. Soy impulsiva. Soy un ser que ama. Soy muchas cosas malas y un puñado de buenas en las que me centro; corrijo aquellas que puedo cambiar para ser más feliz. Pero, sobre todo, como tú que lees esto, también soy débil, también me duele, también merezco ser amada, también aprecio el detalle, el abrazo, el regalo, también aspiro a recibir el mismo cariño que invierto en los demás.

Seamos amables, empáticos y complacientes con todo el mundo, incluso con nosotros mismos.

## 303

### De aquella aventura lejana

Olvidé correr las cortinas del hotel. Esas gruesas, algo plásticas, que convierten la claridad de la ausencia de persianas en una especie de útero cálido y oscuro.

La luz entraba a raudales, blanquecina, como nublada, pero daba igual, porque llevábamos un par de horas despiertos.

Yo mesaba tu pelo, sorprendida por la cantidad y el olor a jabón que desprendía. Tú acariciabas mis sienes, apartando mis mechones de la cara, besándome, susurrando, en esa sólida confianza que nace entre dos casi desconocidos. Ese acuerdo tácito. Ese pacto húmedo.

Hablamos de libros, de autores, de la diferencia entre la expectativa y la realidad, de lo irreal que parecía algo tan tangible como aquello.

Creo que nunca me han besado tanto. Creo que nunca me he preguntado tan poco.

En el mar de sábanas blancas de aquella cama enorme, todo era fluir.

Dormimos poco. Nos comimos mucho, a manos llenas. Y al despedirnos, con la promesa de volver a vernos lejos de aquel lugar y la seguridad de que no lo haríamos, me pediste que no escribiera sobre ti. Yo me reí y te prometí no prometerte nada. Supe al instante que querrías leerte, ávido, hambriento, como nuestro primer beso en aquella terraza iluminada.

304

# Espacio

Hoy me he dado cuenta de que necesito un espacio…

… un espacio donde crezca salvaje la selva húmeda que tengo dentro, esa que grita por llenar pecho, vientre y boca de flores de colores lúbricos.

… un espacio de calma, donde no me angustie no ser suficiente para tus manos, para tus ojos, para los oídos y los ojos de esos extraños de los que tú esperas aplausos. Un espacio de abandono en el que el corazón y las tripas hayan entendido lo que mi cabeza ya sabe.

… un espacio en el que no te sientas cómodo dándome solo lo que te sobra, donde a mí me sobre tu limosna y el lema sea no dejar entrar a nadie que no sea capaz de regalarme, porque sí, un instante de gracia, un motivo para sonreír, una canción sincera, un beso de río que riegue el jardín interno donde cuido unas flores casi marchitas.

… un espacio donde tú no quepas.

305

## La valentía de decidir

Hace ya más de dos años que decidí ser valiente. Elegí serlo, aunque me daba miedo, porque entendí, en algún punto de alguna de las muchísimas noches que pasé en vela, que aquello que ven los ojos de los que nos miran no es ni lo real ni lo que me haría feliz.

Emprendí un camino que me parecía sumamente difícil, pero que terminó siendo un paseo por el jardín que durante los últimos años no había dejado crecer en mi pecho.

Desde entonces he ganado peso, tengo más canas, menos paciencia, más arrugas y probé el bótox en la frente…, demos gracias al cosmos de que desaparece a los seis meses.

He vivido en los dos últimos años casi dos vidas de la que fui antes, con todo lo bueno, con todo lo malo. Y aunque a veces, cuando me meto en la cama rodeada de gatos y un libro en el regazo, me preocupa mi talla de pantalón o el tamaño de mi papada, lo cierto es que… decidí ser valiente y me salió bien. Y, desde entonces, lo soy. Con mis más y con mis menos, porque no siempre podemos ser la versión fuerte de nosotros mismos. Aprendí a mostrarme vulnerable. A decir en tono Gandalf: «Aquí está la línea donde empiezo yo y no puedes pasar».

También asumí que mato cualquier planta que entre en mi casa, que soy una magnífica madre gatuna, que tengo más buenos amigos que dedos y el poder de ser demencial e inconscientemente feliz.

Hace más de dos años decidí ser valiente y hace poco, muy poco, decidí también cómo es la gente a la que quiero. No infalible. No siempre fuerte. Valiente. Porque no hay nada más valiente que saber decir «Me he equivocado», «Lo siento», «No puedo», «Dame otra oportunidad» o «Te quiero». Para desnudar, besar y hacer el amor a la verdad cuando toca hacerlo. Hacia uno y hacia los demás.

Y, si no es esa su intención, quizá será mejor que se vayan.

306

## Hombre herida

Hoy me han hablado de ti. Es curioso que, cuando es otra boca la que conjuga tu nombre, parezcas una persona diferente. Quizá sea porque ellos no saben que me rompiste el corazón.

Eres la más breve de mis historias de amor y, sin embargo, vivo con la seguridad de que jamás curaré esa herida. Todavía cada día pongo pomada sobre la cicatriz que dejaste. A veces, cuando la vida se pone difícil, suelo decir a mis amigos que, si conseguí dejarte marchar, pedirte que te alejaras, que no volvieras, que asumieras que me habías perdido…, yo ya puedo con todo.

Me pregunto a menudo si serás feliz y, aunque no tengo certeza, la respuesta que me golpea la frente me entristece, porque siempre quise lo mejor para ti.

Echo de menos los viejos tiempos cuando aún solo sospechábamos que íbamos a hacernos mucho daño.

Aún recuerdo nuestra primera cita en aquel restaurante, junto a aquel ventanal. También viene a mi memoria aquel vino turbio que me regalaste meses después, cuando ya me había puesto enferma de ti.

Hoy he vuelto a abrir nuestra conversación de WhatsApp, contenta al menos de haber borrado en su momento todo lo bueno. Fueron unos meses increíbles a pesar de todo. Tienes la misma foto desde que te conozco y eso siempre me hace sonreír. Cada día, al acostarme, siento que he ganado otra batalla contra la mujer que sigue queriendo escribirte. Tengo asumido que, uno de estos días, perderé.

En el fondo, muy en el fondo, esta angustia al escuchar tu nombre me reconforta. Es un porcentaje pequeño pero sólido que lo que viene a decir es que celebro mi cicatriz porque ahí donde duele, ahí, sentí. Joder, cómo sentí. Como si el mundo fuera mío y tú las alas con las que quise recorrerlo.

307

## Impulsos animales

Tengo dos animales enfrentados conviviendo en mi interior, día y noche, en una lucha encarnizada que ni pierden ni ganan, pero agota.

Mi cabeza, un ave extraña acostumbrada a volar lejos cuando el mundo explota, ha dejado atrás su calma para graznar pidiendo control. A picotazos ha eliminado la posibilidad de tu nombre. En su reino, esas letras ya no se conjugan, ya no suenan a nada, porque el cansancio amenazaba a sus alas con dejarlas sin poder volar.

Mi cuerpo, a veces gato acurrucado, a veces diez uñas sobre una piel lisa, bufa con la piel de los pechos erizada, recordando el tacto del vello de tu cuerpo encima. Reclama, como gata sobre un tejado caliente en pleno celo, la embestida de tu lengua, los mechones de tu pelo entre los dedos y dejar los pies sostenidos sobre la parte baja de tu espalda.

El pájaro quiere salir huyendo. La gata está furiosa.

Y, en mitad de esa batalla, mi débil fuerza de voluntad ondea una bandera blanca confeccionada con los jirones de los recuerdos que componen una y otra fuerza. Los motivos conscientes de la huida. El olor de los susurros húmedos.

Siendo justa, no sé quién ganará la pelea. Siendo justa, no sé qué animal está escribiendo esto. Siendo justa, no sé en qué bestia me convertiré mañana.

## Lo que quiero para mí

Quiero alguien que me coja de la mano al andar. Y de la cintura. Que rodee mi espalda mientras habla y que cuando apoye la sien en su hombro se incline a besar mi pelo.

Quiero alguien con quien preparar el desayuno los domingos por la mañana y que me despierte los lunes con un café antes de ir a trabajar. Que llegue los viernes a casa con una mochila y dos mudas y haga hogar en mi piel.

Quiero alguien a quien besar en público, de puntillas; que me regale libros y alguna rosa, que se acuerde que para el vino blanco prefiero el Godello, que me encantan las ostras con un chorrito de limón y los mordisquitos en el cuello.

Quiero fines de semana de escapada en hoteles escondidos donde encontrarnos bajo una liviana sábana. Quiero bailes en la cocina mientras se termina de preparar la cena.

Quiero programar unas vacaciones tan lejos donde me alcance el dedo sobre el mapa. Quiero películas en el sofá, en el cine, en la cabeza. Quiero cosquillas en la espalda después del sexo y sexo después de hacernos cosquillas. Quiero leer con los pies en su regazo y que él lea o escuche música o escriba o dibuje o me lea o me escuche o me escriba o me dibuje sobre la piel sin más tinta que la yema de sus dedos.

Quiero mi cara entre sus manos, admiración en nuestras bocas, pasión desmedida en el cerebro que, si se agota, haya pedernal que la avive. Quiero brindis, risas tontas, charlas serias, ratos con las ganas como único reloj, bocas llenas, manos rápidas, piel con piel bajo el aire acondicionado o una colcha…

Quiero estas y otras muchas cosas, cariño, y ninguna la encontraré contigo.

¿Entiendes ahora por qué me marcho tan lejos?

309

## Jamás creí

Me di cuenta de que mentías mucho antes de ser consciente de ello. En ocasiones es de ese modo, sencillamente lo sabes. Y yo lo sabía, pero un día se me olvidó.

O un día quise creer.

Hace ya mucho que sé que nací con el don envenenado de saber quién me hará sufrir. Como Casandra, que predecía el futuro y a la que nadie creía, yo sé, pero accedo porque ¿si no es así de qué otra manera es posible vivir?

Cuando te conocí, no obstante, no lo sentí. Quizá es que contigo jamás creí.

Me gustaría decirte que pensé que la nuestra era una condena bella, pero hace ya tiempo que abandoné ese tipo de romanticismo. Yo ya solo quiero que me quieran bien. Yo ya solo deseo no ensuciarme los brazos con tu necesidad, que no dice nada de mí, que no tiene que ver conmigo, que es solo reflejo de un espacio en tu interior al que no accedí jamás, porque está oculto hasta para ti.

310

## El maldito espejo

Hay días en los que no me miro al espejo. Me cuesta. Lo evito. Hasta lo temo. Esos días soy consciente de que la diferencia en la percepción de mi yo entre un buen día y uno malo es solo cosa mía, pero no se puede callar una voz que no sabes de dónde narices viene.

Con los años, no obstante, he aprendido a parar la inmensa bola de culpa que cae colina abajo de mi estómago cuando esto ocurre. Porque la vida es vida y cambia y si no cambia es porque está quieta y no se mueve.

Si es uno de esos días para ti, déjame decirte algo: eres válida, mereces amor y tratarte con el mismo cariño y respeto que brindas a aquellos a los que quieres. Ese cuerpo que evitas en el reflejo es el vehículo que te ha permitido recorrer mundo y sensaciones. Eres bella. Y, si alguien no lo percibe, si alguien no te trata como tal, si alguien quiere cambiarte, si crees que deberías cambiar para que ese alguien te ame…, quiérete tanto que la sola idea de no respetarte te duela más.

Hay días buenos y días malos, y ya está. Tira esos vaqueros que cuelgan en el armario y que no abrochan. La vida es muy corta. Cómete un helado sin remordimiento. Cómprate esos zapatos. Abrázate mucho. Los días vienen y van, pero tú te tienes en todos.

311

## Hombre conciencia

Benditas sean tus extrañas excepciones, tus camisas a rayas, tus expresiones pasadas de moda y las ojeras bajo tus ojos.

Quizá quiera hacer nido para los pájaros que beberán de ellas al cobijo de mi abrazo. Quizá me guste demasiado la calma chicha que me invade cuando me envuelves en tus brazos. Quizá sea momento de admitir que me encanta ponerte nervioso.

Ponerme de puntillas y besarte. Que chasquees la lengua con una sonrisa y me pidas decoro. Que me empujes contra la pared del bar para besarme más hondo. Que me regañes entre risas cuando me asomo al interior de tu camisa. Que tus manos se escapen cintura arriba en el siguiente beso. Todo a la vez. Todo contigo. Con una mezcla entre quienes somos y los que fuimos, a medio camino de quienes podemos, si queremos, ser.

## 312

### Cuídate bonito

Hasta hace bien poco asociaba «cuidarse» con un estado de restricción y prohibición. Pensaba que cuidarme era contar calorías, pesar alimentos, condicionar mi vida social a la consecución de una meta que no era otra que perder peso. Cuidarme, para mí, era un latigazo de conciencia, un castigo, un secuestro de vida.

Era ya adulta cuando aprendí que cuidarse no tiene nada que ver con los eslóganes de las marcas de comida baja en grasas.

Empecé a cuidarme el día que me prioricé frente al prejuicio, la tradición, el miedo al cambio y la pena. Y seguí adornándolo con gestos frívolos como encender unas velas en casa cada mañana, llenar rincones de flores secas y comprar toallas buenas.

Desde hace años cultivo cuidadosa una independencia que no tiene que ver con la soledad. Hay tanto prejuicio frente a una mujer que vive sola…, parece mentira que sigamos teniendo que recordar que no tener una relación estable no es estar solo. Ni estar soltero sinónimo de «estar pasando por un mal momento». Aún hay quien se empeña en proyectar ciertas cosas en vidas ajenas. En fin.

Hoy ejecuté una nueva forma de autocuidado. Yo, la mujer con prisa que no cocina se ha ido a comprar con mimo cosas bonitas, sanas, coloridas y deliciosas que prepararse con esmero, siendo consciente siempre de la limitación que supone haber nacido con una paciencia de piernas cortas.

Al volver a casa, mientras preparaba una ensalada y un poco de *steak tartar* y sonaba buena música en la cocina, me he puesto a pensar en lo fácil que es olvidar gestos que nos hacen felices en pro de preocupaciones que, en ocasiones, ni siquiera son propias.

Y se me ocurrieron nuevas formas de cuidarme, y ninguna tenía que ver con mi peso.

Quizá debamos cumplir años para ser funcionales con nuestro amor propio. Quizá son los años los que te muestran que, sencillamente, hay cosas con una importancia relativa.

Crear contenido en redes se está convirtiendo, cada día más, en una tarea condicionada e ingrata, de modo que cuidarme también es hacerlo solamente como y cuando me nazca del pecho. Voy a cuidarme de suposiciones. Voy a escribir aquí por el mero placer de querer compartir unas palabras…, como siempre debí hacerlo.

# Agradecimientos

Siempre digo que no me extenderé, pero al final termino haciéndolo. Esta vez prometo que no será así.

Gracias a las personas que me dieron la idea de recopilar estos textos. Sois vosotras quienes impulsasteis este proyecto y le disteis alas.

Gracias a mis editores, a Gonzalo Albert y Ana Lozano, que creyeron en *Los abrazos lentos,* se devanaron los sesos buscando conmigo un título y se ilusionaron con este libro. Gracias a Ana, además, por editar cada texto con el cariño y la profesionalidad que le caracteriza y engalanar cada página con su revisión. Eres la mejor.

Gracias a Laura Agustí por aceptar el encargo de estas maravillosas ilustraciones que acompañan los textos y bailan junto a ellos, llenas de vida. La admiro profundamente y no puede hacerme más ilusión que nos acompañe en esta aventura.

Gracias a Jose, siempre, por existir, sin más. Por su intensa labor como mejor amigo/aún no sabemos qué nombre ponerle a su puesto de trabajo. Mi vida sin ti sería difícil, mustia y terriblemente oscura. Gracias por ser un rayo de luz.

Gracias a toda la red comercial de la enorme familia de Penguin Random House porque son maravillosos.

Gracias a mi familia, por quererme y creer en mí incondicionalmente.

Gracias a mis amigos, por ser la familia que me regaló el tiempo.

A K. K. por brindarle al mundo y, en concreto, también a mí, su sabiduría, su apoyo y su cariño.

# Índice

**Elísabet Benavent** (Valencia, 1984). La publicación de la Saga Valeria en 2013 la catapultó a la escena literaria y se convirtió en un auténtico fenómeno. Desde entonces ha escrito 22 novelas. Algunas han sido traducidas a varios idiomas y publicadas en diez países. En 2020 la serie *Valeria* se estrenó en Netflix en más de 190 países y batió récords de audiencia. En 2021 se estrenó con gran éxito la película *Fuimos canciones*, inspirada en la Bilogía Canciones y recuerdos. Sus libros llevan vendidos más de 3.600.000 ejemplares.